THE MYTH IN LOCAL
GOVERNANCE
STATE BUILDING AND PARTICIPATORY
BUDGETING REFORMS

地方治理的迷思
国家构建与参与式预算改革

叶 静 ◎ 著

图书在版编目(CIP)数据

地方治理的迷思：国家构建与参与式预算改革 / 叶静著. —北京：北京大学出版社，2022.8
（未名社科论丛）
ISBN 978-7-301-33232-0

Ⅰ. ①地…　Ⅱ. ①叶…　Ⅲ. ①地方政府—行政管理—研究—中国　Ⅳ. ①D625

中国版本图书馆 CIP 数据核字（2022）第 145128 号

书　　　名	地方治理的迷思：国家构建与参与式预算改革 DIFANG ZHILI DE MISI：GUOJIA GOUJIAN YU CANYUSHI YUSUAN GAIGE
著作责任者	叶　静　著
责任编辑	梁　路（lianglu6711@163.com）
标准书号	ISBN 978-7-301-33232-0
出版发行	北京大学出版社
地　　　址	北京市海淀区成府路 205 号　100871
网　　　址	http://www.pup.cn
信公众号	ss_book
电子信箱	ss@pup.pku.edu.cn
电　　　话	邮购部 010-62752015　发行部 010-62750672 编辑部 010-62765016
印 刷 者	三河市博文印刷有限公司
经 销 者	新华书店
	650 毫米×980 毫米　16 开本　15 印张　150 千字 2022 年 8 月第 1 版　2022 年 8 月第 1 次印刷
定　　　价	59.00 元

未经许可，不得以任何方式复制或抄袭本书之部分或全部内容。
版权所有，侵权必究
举报电话：010-62752024　电子信箱：fd@pup.pku.edu.cn
图书如有印装质量问题，请与出版部联系，电话：010-62756370

目　录

第一章　导　论 …………………………………… 001
　　第一节　核心观点 ………………………………… 008
　　第二节　研究方法 ………………………………… 012
　　第三节　章节安排 ………………………………… 020

第一部分　理论与背景

第二章　参与式预算的缘起 ………………………… 029
　　第一节　参与式预算及其类型 …………………… 032
　　第二节　参与式预算出现的原因 ………………… 038

第三章　国家的集中化：可支配财力与参与式预算改革 ……… 044
　　第一节　国家构建中的集中化进程 ……………… 045
　　第二节　可支配财力与参与式预算改革 ………… 057

第四章　国家的理性化：理念网络与参与式预算改革 ……… 062
　　第一节　国家构建中的理性化进程 ……………… 063
　　第二节　理念网络与参与式预算改革 …………… 072

第二部分 案例比较Ⅰ：出现参与式预算的案例

第五章 随机选出代表：浙江省泽国镇的参与式预算 ……… 081
  第一节 泽国镇参与式预算改革模式与特征 ……………… 084
  第二节 理念网络：审议和协商民主 ……………………… 087
  第三节 财力分配中的解套 ………………………………… 092

第六章 激活人大代表：上海市闵行区的参与式预算 ……… 101
  第一节 闵行区参与式预算改革模式与特征 ……………… 103
  第二节 理念网络：激活人大监督 ………………………… 108
  第三节 财力分配中的借力 ………………………………… 113

第七章 邀请区域代表：北京市麦子店的参与式预算 ……… 118
  第一节 麦子店参与式预算改革的模式与特征 …………… 120
  第二节 理念网络：民众决定部分项目 …………………… 124
  第三节 财力分配中的让权 ………………………………… 130

第三部分 案例比较Ⅱ：未出现参与式预算的案例

第八章 内部力量的参与：对江苏省张浦镇的考察 ………… 139
  第一节 缺乏理念网络背景下的改革 ……………………… 141
  第二节 财力变迁与改革始末 ……………………………… 146

第九章 缺乏改革的土壤：对广西壮族自治区白圩镇的考察 … 154
  第一节 白圩镇财政支出特点 ……………………………… 155

第二节　支出模式的普遍性 …………………………………… 162

第十章　鲜有影响的参与：对四川省白庙乡的考察 ………… 171
　　第一节　理念网络推动的改革 …………………………………… 173
　　第二节　财力限制与改革特征 …………………………………… 178

第十一章　结　论 …………………………………………………… 186
　　第一节　缓解财力竞争的其他解法 ……………………………… 191
　　第二节　参与式预算的前景 ……………………………………… 194
　　第三节　启示与不足 ……………………………………………… 199

参考文献 ……………………………………………………………… 202

致　谢 ………………………………………………………………… 233

第一章 导 论

2016年12月中旬，北京、天津、河北、山西、山东、河南等6省市遭受了重度雾霾的影响。这场重度雾霾天气持续了6天，全国超过20个城市启动了最高级别的红色预警，一些城市采取了机动车单双号限行、中小学停课等措施（佚名2016-12-17）。大气污染状况令人担忧，其间不免有人抱怨政府没有发挥应有的作用。这种抱怨并不公允，中央政府早在为改善环境而努力。据财政部披露的信息，2013—2015年，北京、天津、河北、山西、内蒙古、江苏、安徽、山东、河南等9个省（自治区、直辖市）获得了中央大气污染防治专项资金239.4亿元。这笔财政资金数额巨大，但其中一部分并没有花在大气污染防治或相关方面，而是被挪用在了人员经费及单位奖励、办公楼维修、招待、新打机井、购买变压器等方面（监督检查局2016-12-12）。因此，人们的抱怨在一定程度上折射出普通民众与地方政府财政支出决策之间的疏离。

这并非个案，有很多案例可以佐证这种疏离。比如，城市公园和道路两边绿化带中常常有很多漂亮的树木和花草，但很少有人会意识到这些都是地方政府财政支出带来的结果。人们可能更不会思考以下问题：这些树木花草花了多少钱？为什么要购买这些种类的树木花草而非其他种类的？为什么要从这个公司购买而非那个公司购买？2012年，《东方早报》就披露多地都存在园林领域的腐败案。一棵普通的榕树，单价可以高达10万元；一个实际造价只有60万—70万元的工程，预算可达200万元，而其中的差价往往以回扣等方式作为利益输送的来源（佚名 2012-08-20）。直到2021年，中央纪委国家监委网站依然公布了多地频发的"红花绿叶背后的'黑色蛀虫'"案件（刘廷飞，黄秋霞 2021）。再比如，很多城市都有着忙碌的建筑工地，有的是想建造富丽堂皇的政府大楼，有的是要打造繁华热闹的城市地标，有的是在修建豪华阔气的景观大道。很多工程建设代表着中国作为一个后发国家建设现代化的决心和努力，但其中不乏工程存在着财政资金的滥用和暗藏在背后的腐败。人们很难了解这些工程修建的真实目的与实际花费，更不会去质疑这些财政资金是否有其他更为明智的用途。

  这些案例的背后有着制度性的原因。地方政府支配了大量的财政支出，但是财政决策仍属黑箱，外界监督有限。一方面，财政资金可以创造政绩。中国目前的晋升体制决定了，官员晋升与否同上级的评判有着莫大的关系（Chan 2004）。在周黎安（2007：9）看来，中国地方政府官员之间存在着一种晋升锦标赛，即"上级政府对多个下级政府部门的行政长官设计的一种晋升竞赛，竞赛优胜者将获得晋升，而竞赛标准由上级政府决定"。这种绩效决定晋升的竞赛效应随着行政等级的降低而增强,换句话说,行政级别较低的政府官员更加注重政绩(Landry, et al. 2017; Choi 2012)。而财政资金无疑是地方政府创造政绩非常有力的工具:地方领导由于没有制度化的任期保证,所以一般会在任职期间通过建设项目来创造政绩,以获得晋升的可能性(耿曙、庞保庆、钟灵娜 2016)[①];地方领导更倾向于将财政资金用于基础设施建设而非教育或其他公共服务领域(傅勇、张晏 2007)。另一方面,某些地方官员正是利用财政决策的不透明来为个人谋私利。某些地方政府的财政支出并非出于本地区发展或者公共利益的需要,而是依据某些个人的私人考量(Wan, et al. 2014)。根据公开财政指数(Open Budget Index)的排名,近些年来,中国在参与排名的一百多个国家中位列靠后,要远远低于其他新兴发展国家。

然而,旨在增加地方财政支出透明度的改革却出现了。从 21 世纪初开始,地方政府出现了一波与现有财政支出模式不同的财政改革:2005 年起,浙江省温岭市一些乡镇的财政预算开始引入民众参与,并最终走向镇人大来审核和修改整个预算的模式;2006 年,上海闵行区举办公众听证会,公众代表与人大代表一起审核重点项目;2007 年,河南省焦作市财政局邀请学者参与项目评审会,邀请民众在网上审核预算;2011 年,安徽

[①] 有文章认为中国官员的行为模式受任期影响,官员倾向于在任期后期加大财政投入以追求政绩,可以参见:Guo Gang, "China's Local Political Budget Cycles," *American Journal of Political Science*, Vol. 53, No. 3, 2009, pp. 621-632.

省淮南市试点12个项目,经由网民投票和会议评审来选择决定落实哪些项目;2016年,浙江省义乌市选择9个项目,采取网络评议和面谈会审相结合的方式进行决策……基于这些改革实践,人们可能会思考这样的问题:在中国目前的治理结构下,为什么这些参与式预算改革能够涌现?这些改革显然会制约政府的财政支出及项目选择,那为什么这些地方政府愿意在预算中引入社会公众的监督和参与?这无疑是地方治理中的迷思。

本书将政府预算制定过程中,社会民众代表审核政府支出、直接影响项目支出顺序和/或规模的机制化做法,称为参与式预算。参与式预算不仅包括政府拿出限定的资金让民众代表选择民生项目的做法,也包括在预算制定过程之中,针对整个或部分预算草案的听证会或民众代表讨论会、针对重大项目计划的专家评审会等。这里的民众代表指的是不在党政机关工作、除人大代表和政协委员之外的公众代表。目前,民众代表的参与主要出现在针对财政支出行为的预算过程中,只有极少数地方邀请民众代表参与审核财政收入行为,因此,本书中的参与式预算行为,主要指的是对财政支出这一领域的参与。

理解参与式预算在中国的发展,具有很重要的现实意义。哈耶克(1997)曾指出,现代劳动分工的复杂性使得权力分散变得不可避免,其间传播和获悉消息只能依赖价格体系。而计划是无法代替这套机制的,因为没有任何一个中心对分散的信息有充分的了解。中国在近几十年经济得以快速发展的原因之一，正是逐步引入了市场机制（Naughton 1995）。除此之外，还有一个重要的原因是中国的行政分权体制：中央决策者掌舵，而地方政府进行改良（Ang 2016；Qian and Xu 1993）。相对于计划经济，分权化更易于获悉多元、本土的信息，降低了决策失误带来的风险，也加强了政府的回应性（Tiebout 1956；Oates 1977）。然而，地方分权本身却不一定能保证地方政府愿意接受更多的地方信息，地方政府也可能成为只是缩小了规模和范围的权力中心。因此，分权化带来的另一种可能效应是，一个权力中心变成多个小权力中心，进而从上至下推进了更多不合民意的项目。詹姆斯·斯科特（Scott 1998）曾问过一个非常经典的问题：为什么很多意图很好、试图改变人们生活条件的政府项目以悲剧收场？他认为这些政府项目的出台是建立在以下基础上的：掌握更多的社会信息为实施大规模社会工程（social engineering）提供了基础，高度现代化的意识形态提供了意愿，威权政府提供了按照意愿行事的能力，不具备行动能力的社会主体提供了实施的空间。这些项目之所以失败，就是因为政府忽视了那些真正的、在现实中正在运转的社会秩序，忽略了本土知识和缄默知识（know-how）。导致这些项目失败的因素在地方政府层面也同样存在。不仅如此，利益集团更容易俘获地方政府，造成地方决策的扭曲，从而带来腐败（Treisman 2007）。在中国的治理体系中，提高地方决策的透明度和参与度，无疑是获取本土知识、改良政府决策和遏制腐败的方式之一。

研究参与式预算在中国的出现，也具有重要的理论意义。一些西方学者很疑惑为什么在非西式民主制度下，会存在着类似于西式民主制度下的制度安排，比如议会和政党制度。民主原则不仅体现为代表制度，也体现为民众参与。尽管各种民众参与方式常被认为是深化西式民主的工具，但是它们在其他模式的政权中也很常见。比如，在新加坡，民众可以通过民情联系组（Reaching Everyone for Active Citizenry @ Home, REACH）等组织渠道参与公共政策讨论。在越南，诸如公民小组、公民评审会、公民会议等多种多样的参与机会被创造出来以赋权民众，公民可以参与行政决策过程、监督管理绩效以及对行政部门表达不满（Rodan and Jayasuriya 2007: 5; UNDP 2006）。在俄罗斯，政治也不是只由政治家和官僚来决定的，而是存在着诸如特殊顾问小组、公共和议会听证会等公共参与方式（Belokurova and Vorob'ev 2011）。学者们对此的解释往往是功能性的，认为民主的制度安排有利于在位者团结统治精英，以及减少反对者的挑战，而这些民主制度在非西式民主体制下的存在就是为了维护统治（Gandhi 2008; Levitsky and Way 2010; Svolik 2012）。民众参与能使民众在决策过程中发挥更为直接的作用，从而让民众对政府产生更好的观感（perception）。好的观感会抵消一部分因政府绩效下降而造成的政府支持度的下降

（Rhodes-Purdy 2017）。这些解释虽然对这些制度和做法的功能颇有洞见，但是并没有提供它们的起因。

中国是考察这些问题的一个非常好的案例。中国的制度模式区别于西式民主，中国共产党向来重视群众的参与。强调相信群众、依靠群众和动员组织群众的"群众路线"早在20世纪20年代就被提出，并随着中国的革命、建设和改革进程逐步完善（赵中源 2019：45）。在新中国成立到改革开放以前，群众路线在政权建设、经济发展和社会重组等领域都发挥了重要作用。在改革开放之后，群众路线继续作为实现政策目标、提升治理合法性的工具，用来指代那些让民众在决策过程中发挥一定作用的做法，包括听证会、公开会议、专业研讨会、决策方征求相关社会组织的意见和建议、实地考察与公众代表交流以及民意调查（Horsely 2009：4）。

中国民众在财政领域的参与提供了一个难得的考察机遇。一般而言，财政对于每个国家都是非常关键的，财政决策方面的变化尤为难得（Greene 2010）。哈罗德·拉斯韦尔（Lasswell 1936）曾简练地概括出政治的经典内涵："谁获得了什么？何时？如何？"财政资金的分配方式与支出方向，恰恰契合了政治的这一核心定义。财政绝不是一个仅关乎效率的数字问题，其核心其实是一个政治问题。参与式预算在中国的出现为考察中国政治的发展提供了一个非常好的窗口。

那么，中国地方政府为什么要在关键决策领域引入民众参与？这种参与式预算改革创新的原因何在？中外学界对参与式预算兴起的考察绝大多数都沿用了国家和社会的两分框架，比如社会力量推动国家改革，或者国家改革以争取社会支持。然而，这些解释都无法令人满意地回答两个问题：从世界范围来看，参与式预算早在20世纪80年代就出现了，为什么中国的参与式预算都是在21世纪后兴起的？为什么中国有些地方出现了参与式预算，有些地方没有？事实上，国家和社会并非各成一体，国家内部有着复杂的权力关系，国家的一部分和社会的一部分也会发生联系。因此，解释参与式预算改革兴起的关键，不在于国家和社会之间的互动，而是国家内部权力关系的变动使得一些地方政府与社会的部分力量进行了合作。为了进一步说明，我们首先回顾一下中国从20世纪80年代开始重启的国家构建的宏大进程。

第一节　核心观点

韦伯对现代国家（state）有着经典定义：国家是获得主导的强制性组织，它成功地在一定区域内合法垄断了对暴力的使用（Weber 1978：54）。蒂利沿用和发展了这个定义。他在《西欧民族国家的形成》中指出了国家的几个特点：国家与这个区域内的其他组织是分化的（differentiated），国家是自主的（autonomous）、集中的（centralized）、各个部分是正式地相互协调的

（formally coordinated）（Tilly 1975：70）。现代国家首先在西欧长期的战争中诞生，继而在全球扩散，不同的国家构建方式形成了不同能力水平的国家（Tilly 1992；Thies 2009）。拥有能力的、非人格化的、组织良好的、具有自主性的现代国家（state）被认为是一国发展自身经济社会事业的重要基础（Evans 1989；福山 2015：44）。

对于中国而言，从清王朝遭遇西方列强时起，构建现代国家就一直是一个重要的主题和进程（哈尔西 2018）。中华人民共和国成立之后，国家通过全能主义渗透社会，极大地扩展了其权力边界（Shue 1988）。然而，这并不意味着中国的现代国家构建在计划经济时期就完成了，相反，中国一直缺乏法理型的机构体系（Boisot and Child 1996；Eddy 2007）。改革开放的开启，不仅是中国经济腾飞的开始，也是新一轮的国家构建的开始。从20世纪70年代末开始，邓小平开启了解构全能主义政治结构和构建现代国家制度的双重任务（戴辉礼 2015）。自那时起，尤其是90年代之后，中国各级政府的治理能力得到显著的改进，政府变得更加透明和理性（Zhou 2001；Yang 2004）。今日中国的国家机构要比历史上其他任何一个时期都更为完备：科层分级明确，功能分化，日益强调规则和制度，强调技术能力的公务员考试等（渠敬东、周飞舟、应星 2009：122-123）。不同于苏联与东欧国家侧重民主化的政治改革，中国的改革开放是以构建现代国家制度为中心的（李强

2008)。

在国家构建的过程之中,有两个具体进程与参与式预算在中国的出现有着密切联系,分别是国家的集中化和理性化。首先,中国的国家构建使中国逐步摆脱了治理的碎片化。这种碎片化既体现在地方政府权力过大,也体现在机构间缺乏协调、各行其是。其次,随着中国国家构建的推进,国家日益理性化。国家工作人员受到了更好的教育、更多的培训和更多元的智力支持。那么,这两个过程是如何导致参与式预算的呢?

先看国家集中化带来的效应。中国国家的集中化趋势在财政领域尤为明显,财政管理摆脱了长期存在的碎片化桎梏。从横向上看,财政部门聚拢了原本分散于其他政府部门的财政资金,并逐渐掌握了各部门支出的监督和管理权。但是,横向的集中效应在各个地方的效果是不一样的,这和权力的纵向集中有关系。中央政府通过多种方式控制着地方政府的财政支出方向,尤其是20世纪90年代初以来财力向上集中后更是如此,中央可以通过转移支付影响地方支出。这就出现了两种类型的地方政府:一种是本级收入充足、拥有可支配财力的地方政府;还有一种是主要依靠转移支付、没有可支配财力的地方政府。前者比后者对财政支出有着更多的支配权。横向和纵向两种效应的叠加产生了以下效应:在那些拥有可支配财力的地方,地方主要领导①和财政部

---

① 在本书中,地方主要领导指党政一把手。

门面临着更多的部门（包括分辖区①）竞争财政资金的压力，他们更需注重规制其他部门有效与合理地分配和使用财政资金。换句话说，财政权力的横向集中也带来了更大的责任和决策风险。而将民众引进来，依靠民意规制部门不合理的资金需求的参与式预算改革，是疏散这些压力和满足合理需求的有效方式之一。但是，并非所有拥有可支配财力的地区都产生了参与式预算。这与国家的理性化进程有关。

20世纪80年代以来，国家越来越强调公务人员的知识化和专业化水平，公务人员也通过文凭准入、在职培训、获取外部智力支持等方式变得越来越职业化。这种国家机构的自我理性化并不意味着非正式关系的消散，反而使地方政府官员更有机会接触到各种理念提供者。其中，当面对分配压力的地方政府或财政部门认同参与治理的理念，与该理念的提供者形成紧密的互动，两者就形成参与治理理念网络。首先，地方政府官员接触到参与式治理理念，这会塑造他们对其所面临问题和利益的界定，进而影响他们的选择。其次，理念提供者与官员的互动产生了具体的、适合当地的改革策略，从而使得复杂的预算改革成为可能。最后，理念网络的存在使得地方政府的改革除了能够解决自身面对的问题，也能获得诸如媒体报道、参加学术会议等增加公众关注的机会，进而产生围观效应，获得额

---

① 不享有一级预算权的分辖区，被作为部门列入上级预算。以下本书中出现的部门，均包括这些不享有预算权的分辖区。

外的改革压力和激励。因此，参与式治理理念网络的形成是参与式预算改革出现的重要原因。

简而言之，当一地的地方政府或者财政部门由于拥有可支配财力而面临分配资金压力、有效监督资金使用的困境，同时嵌入了参与式治理理念网络时，这个地方就会产生参与式预算改革。两个因素缺一不可。地方政府做出一定的治理创新，很大概率是为了解决自己面临的结构性问题；但即便面临类似的问题，地方政府仍可以做出多种选择，而不是只能趋向于一种办法。参与式财政预算是地方政府的分配压力和参与式治理理念网络共同作用的结果（参见图1-1）。

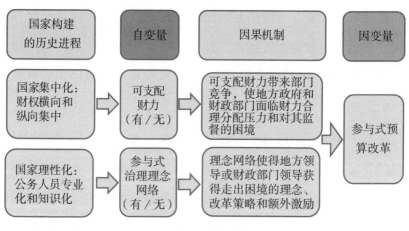

图 1-1　参与式预算理论框架示意图

第二节　研究方法

本书使用定性研究方法来验证观点，这是因为定性研究方法能够更好地勾勒可支配财力、理念网络与参与式预算改革之间的因果机制。本研究所依据的资料既有二手材料，也有一手材料。二手材料包括地方志、地方统计年鉴、媒体报道、政府法条、政策以及规定、已有文献等。一手材料包括2016年3—8月、2017年4月、2017年8月、2017年12月、2018年1—2月、2018年8月、2018年11月、2019年1—2月、2021年6—7月分别在北京、上海、浙江、江苏、广西、海南、河南、四川、美国剑桥市等地与100多位官员和学者进行的半结构化访谈，此外还包括2018年1月在参与式财政的实地观察中获得的一手资料。其中有多位官员被访谈了多次。①本研究通过三角验证（triangulation）来保障数据收集和案例分析的可靠性。三角验证意味着数据来源、调查者、理论和研究方法的多元性（Lune and Berg 2017：14）。

在确保数据的准确性方面，本研究使用了两个策略。第一是将当时的文献、新闻采访和后期的一手访谈相互验证。本研究的访谈最早开始于2016年，距离所考察案例的启动时间至少有5年，有的甚至十多年。很多官员已经退休或者调换到其他岗位，面对此时的访谈，他们会更坦诚，或会提供与在任时不一样的思考，当然不排除有访谈者会更加理想化和拔高当时的改革，但无论怎样，这些访谈资料都提供了新的思考角度和线索，与改革进行时留下来的报道和研究可以相互验证。第

---

① 绝大多数访谈是当面进行的，少数访谈是通过微信或者电话进行的。

二，针对同一个事件，本研究访谈三位以上的访谈者，经过对这些观点的相互比对，最终呈现比较一致的访谈意见。比如，对于改革缘起，本研究选择的访谈者一般包括改革的推动官员、相关学者以及其他直接参与人员。①

在案例分析方面，本研究使用了两种案例比较方法。一种是求同法。本研究首先考察了实行参与式预算的三个案例，比较了浙江泽国镇、上海闵行区、北京朝阳区街道三地的参与式预算改革。这三个案例是本研究的说明性案例（illustrative cases）。在这三个案例中，很多背景因素都不同，比如所在区域不同、政府层级不同、发展模式不同、地区文化不同、年份不同等，但是有两个要素相同，即都拥有可支配财力和参与式治理理念网络。本研究的实证分析和验证表明，这两个要素导致了相同的结果，即出现了参与式预算改革。

关于这些案例的选择，这里有几点需要说明。首先，本书所选三地改革的启动都在 2012 年 11 月之前。2012 年 11 月中国共产党第十八次全国代表大会正式提出"健全社会主义协商民主制度"，在此之后地方推动参与式预算一定程度上是响应中央的号召，而非自动自发的改革行动。其次，党的十八大以来，我国在官员晋升和绩效考核方面进行了改革，有了更加全

---

① 文中加以分析的绝大多数案例都是这样处理的，只有一个例外，即上海闵行区的案例。一些改革当事人出于各种原因（有的去世了，有的退休后不愿意再接受访谈等）访谈不到，就利用当时媒体的访谈、文献、其他改革参与者的看法相互验证。

面和科学客观的标准，财政支出也更加有据可循，部门间抢夺经费、多要财力的压力有所减轻，地方政府和财政部门所面临的合理分配压力也相对减轻。所以，本书选择了在2012年11月前启动改革的案例。再次，改革需要是自发的，而非上级强制推动。比如，温岭县的乡镇和街道都已经实行了参与式预算，但很多都是在温岭人民代表大会和宣传部门的要求下进行的，而不像泽国镇是自发进行的。再比如，江苏无锡、云南盐津等地的参与式预算都是上级指定的试点，真正实行参与式预算改革的层级并不是主动进行改革的。最后，这些改革模式都有着比较强的生命力。不过需要指出的是，本研究着重考察的是地方政府引入参与式预算的原因，而不是探讨改革延续时间上的区别。改革的出现与延续时间长短是两个问题，受不同逻辑的影响。接任的地方领导是否赞同改革、上级政府如何看待改革、当地政府是否想就此打造地方品牌等考虑都会影响改革延续时间。探究改革延续时间长短的原因的确是一个重要问题，但并非本研究的重点考察对象。

然而，仅比较那些出现参与式预算改革的地区，就会出现幸存者偏差这一问题。比如，在一个山头上，有些树苗长得特别茁壮，要知道原因，一些人会倾向于总结归纳这些树苗的共同点，比如树种优秀。但是这并非一定是真正的原因，还需要比较同一山头上那些枯萎衰败的树苗和茁壮成长的树苗之间的差异，如果发现枯萎衰败的树苗和茁壮成长的树苗是同样的种类，那么树种优秀就不是原因了。同理，为了更好地证明可支配财力和参与式治理理念网络是参与式预算改革出现的原因，就需要研究那些没有出现参与式预算改革的地区。所以本研究在第三部分使用了第二种比较方法——求异法。这一部分逐次讨论了三个问题：如果没有参与式治理理念网络，拥有可支配财力的地区会产生参与式预算改革吗？如果可支配财力和参与式治理理念网络都不具备，一个地区有产生参与式预算改革的土壤吗？如果一个地区拥有参与式治理理念网络，但是不具备可支配财力，又将如何？

为此，本研究选取了三个乡镇，依次回答这三个问题。第一个乡镇选择了经济高度发达、可支配财力充沛，但没有产生参与式预算的乡镇——江苏张浦镇。这个镇的官员在财力分配的困境中想推动改革，也知道参与式预算，但是由于没有嵌入理念网络，发动的改革范围极为有限，即只有预算部门的参与，外部力量没有参与。第二个乡镇是广西白圩镇，一个经济相对落后、依赖转移支付的乡镇。通过对白圩镇财力分配机制的考察，本书揭示了没有可支配财力这一基础，参与式预算改革就没有产生的土壤。第三个考察的乡镇是四川白庙乡，这个乡的财政分配状况高度类似于广西白圩镇，但是一次偶然的机会，当地嵌入了参与式治理理念网络。这个地方出现了程度有限的改革，即乡层面的民众参与并不能也无法影响该乡当年的预算，而且进行了一年之后，这种参与形式便不复存在。这三个案例依次从反面验证了参与式治理理念网络和可支配财力的重要性。它们与第一组案例中的、在改革前同时拥有可支配财力和参与式治理理念网络的泽国镇形成了对照。

在选择没有产生参与式预算的案例时，为什么主要选择乡镇层级而不是其他级别的地方政府呢？一些研究中国政府发展的学者发现，中国有个有意思的现象，就是民主制度安排很多都首先出现在基层，比如村民选举（Shi 1999；马得勇 2014）。同样，参与式预算也最先出现在乡镇。乡镇是中国五级政府层级中最基层的一级，最靠近民众，承担了非常多的政府职责。在中国的政府体系之下，行政压力逐级下传，财力逐级上解，甚至有的地方出现了乡镇政权"悬浮"的现象（周飞舟 2012）。而一个乡镇本身的财力状况无疑会对该地政府的治理模式产生巨大的影响，因此乡镇是观测可支配财力政治效应最佳的一个层级。不仅如此，理念网络对于基层政府的影响会比其他层级更加清晰。基层政府官员的改革余地要比上级政府大，理念网络带来的外部激励对于基层官员来说也比其他层级更大。

不过，中国的乡镇数以万计，为何选取这几个乡镇呢？这是因为，这些乡镇分布在不同省份，涵盖了经济发达省份和经济相对落后省份。不同的发展路径带来了不同的财力分配模式，地方官员嵌入理念网络的机会也不同，从而产生了不同的改革结果。具体而言，浙江泽国镇（参与式财政预算改革的典型）和江苏张浦镇构成了一组对比案例，这两个镇都是经济发达镇，都具有可支配财力，但是泽国镇形成了参与式治理理念网络。地方官员在学者的帮助下启动了改革，泽国镇成为改革先锋。而江苏张浦镇并没有形成参与式治理理念网络，即便地方政府官员有心改革，也没有产生真正的参与式预算改革。广西白圩镇和四川白庙乡构成了一组对比案例。这两个镇都是经济相对落后的乡镇，都没有可支配财力，一个没嵌入参与式治理理念网络，另一个嵌入了参与式治理理念网络，但两地都没有参与式预算改革的土壤。

另外，这四个案例属于不同的省份。为什么不选择同一个省份的案例来进行比较呢？这样是否可以更好地控制其他因素的干扰呢？如果选择同一个省份的案例做比较，面临的一个问题是地缘效应的影响。即当一个地方政府做出某种创新，会对周边地区的政府产生影响。这里的影响可能是正负两方面的：正面的效应是当一个地方做了某种创新，其他地方纷纷效仿；而负面的效应是，一个地方做了这种创新之后，相临近的地方觉得再做也没有太大的政治意义，转而探索其他解决办法。换句话说，治理创新虽然不是为了政绩而生，但是一旦产生就是一种政绩。为了避免这种省份内部地缘效应的影响，本书选择了四个不同省份的乡镇做对比。如果将这四个案例根据两个解释变量分类，它们可以被归入四个象限，满足了验证因果效应的最低要求（参见表1-1）。

表 1-1　案例的选择依据

	有可支配财力	无可支配财力
嵌入理念网络	浙江泽国镇	四川白庙乡
未嵌入理念网络	江苏张浦镇	广西白圩镇

不过，即便使用两组案例来验证观点，仍然无法克服比较案例研究中存在的"变量多、案例少"的内在缺陷，即其实研究并没有找出真正关键的原因，只是发现了伴随结果出现的相关现象。为了一定程度上解决这个问题，本书还采用以过程追踪来验证推论的方法以增加论点的可信度。具体而言，一个观点本身可以得出很多推论，如果这些推论能够在现实案例中被观察到，那么这个观点有效的可能性就提高了（Bennett and Checkel 2015）。如果本书的观点是正确的，那么可以有以下推论：

第一，参与式预算改革会真正让民众代表发声，而不是把民众作为"花瓶"进行摆设，否则就无法规制政府部门不合理的资金需求；

第二，参与式预算改革并不对以地方主要领导为代表的地方政府权力产生负面影响，因为这些领导发动改革的目的是合理规制其下属的资金需求和使用。

本书在追踪这些案例的过程中，也对这些推论进行了检验。

第三节　章节安排

除了导论和结论之外，本书主体分为三个部分，每个部分由三章组成。第一部分是理论和背景。第一章是文献综述，为读者提供参与式预算相关研究的大体脉络，并界定本书的一些核心概念；第二章阐明了参与式预算在本书中的具体定义；第三章厘清了可支配财力的含义；第四章界定和明确了理念网络及其作用机制。这部分也为解释参与式预算改革搭建了理论框架，提供了地方参与式预算改革出现的历史背景。

第二部分和第三部分是两组案例比较。第二部分展示了出现参与式预算改革的三个说明性案例，阐明可支配财力和参与式治理理念网络是参与式预算改革出现的两个原因：可支配财力带来了财力分配的困境，而参与式治理理念网络则提供了解决困境的改革理念、具体方案和额外激励。第三部分展示了没出现参与式预算改革的三个案例，从反面解释可支配财力和参与式治理理念网络对于参与式预算改革的重要作用。在拥有可支配财力的地方，没有参与式治理理念网络，不会产生真正的参与式预算改革；在没有可支配财力和参与式治理理念网络的地方，没有自发产生参与式预算改革的土壤；不拥有可支配财力的地方即便嵌入了参与式治理理念网络，其改革也是有限且短暂的。

具体来说,各章内容如下:

第二章对现有的参与式预算研究进行了回顾,介绍了参与式预算的定义和类型,并给出了本书对于参与式预算的定义。接着,本章对参与式预算兴起的原因进行了梳理。国外对参与式预算兴起原因的主要解释是深化和巩固民主、政治家吸引选票、国际组织的推动等,但这些都无法解释中国参与式预算的兴起。国内学者对参与式预算兴起有的持多因素说,有的则强调官员维稳或晋升的动机,但这些解释的普遍性和有效性都较为欠缺。对参与式预算在中国的兴起,需要有新的解释。

第三章和第四章详细阐述了本书的核心观点。第三章描述了参与式预算出现的第一个原因,即在财政领域横向和纵向的权力集中给那些拥有可支配财力的地方政府带来了分配压力。具体而言,在横向维度,财政部门的职能日益增加,实权扩大,聚拢了原本分散于其他部门的地方财力,并对各部门享有支出控制权。在纵向维度上,中央政府通过财力控制、法律法规、政策文件、事权分配等方式控制着地方的财政开支方向。相比较而言,拥有可支配财力的地区要比依靠转移支付的地区对财力有更多的自由支配权。横向和纵向集中态势的叠加使得在那些拥有可支配财力的地方,地方主要领导和财政部门面临着部门间财力竞争的压力,也承担着监督部门有效使用财政资金的责任。而参与式预算改革便是一种疏散这些压力和责任的有效方式。

但是中国有那么多拥有可支配财力的地区，为什么只有少数地区产生了参与式预算呢？第四章给出了具体解释：这与另一个国家构建过程相关，即国家的理性化进程。20世纪80年代以来，通过文凭准入、培训塑造以及智力支持等措施，中国的国家体系日益走向了理性化。但是国家体系整体的理性化并不代表官员都是理性的孤立的个体。他们也嵌入了各种社会网络。其中一种重要的社会关系网络就是同学者的关系。国家的理性化进程为学者影响官员打开了通道。一方面，随着官员受教育水平的提高，他们和学者的知识背景日益类似，两者更容易交流；另一方面，理性化进程也为两者互动创造了更多接触的机会和渠道。在这个过程中，一些官员和学者会因为认同某些理念而出现紧密的人际互动，形成特定理念下的理念网络。参与式治理理念网络就是其中一种类型。参与式治理理念网络中的学者为官员输入了新的理念及符合当地实际的改革策略，也带来了改革的额外激励。当面对财力分配困境的官员嵌入了参与式治理理念网络，他们就有着更高的概率去推行参与式预算改革。

第五章至第七章是本书的第二部分，分析了三个出现了参与式预算改革，但模式有所不同的案例。第五章描述了浙江省泽国镇的改革。该镇在2005年开始以随机选择民众代表的方式让民众参与到挑选该地城建项目的过程中，随后将该模式扩展到审核整个预算。该地的改革一直延续至今。该地启动改革的主要原因是，乡镇领导人通过党校介绍和大学会议认识了诸多中外学者，这些学者对西式民主制度有着深刻的反思，认同协商民主和审议民主等理念。这些地方领导人和学者形成了参与式治理理念网络。同时，当地拥有可支配财力，乡镇领导人需要以有效的机制去解决财力的合理分配问题。在此基础上，当地出现了参与式预算改革。

第六章分析了上海闵行区区级参与式预算改革。该地参与式预算改革开始于 2007 年，其后逐步完善，一直延续至今。该改革强化了人大作为预算审核和监督主体的地位，一个重要的制度创新是举办向人大代表、公众代表和学者专家开放的、针对有争议的预算项目进行共同审议的听证会。考察改革源头可以发现，当时的闵行区区委书记与大学智库、官方智库形成了参与式治理理念网络。这张网络的一个重要理念就是夯实人民代表大会对政府的预算监督权。在与当地官员相互协商之后，学者团队设计了改革的具体方案，闵行区的改革按照这个方案逐步推进。不过，闵行区的改革并非是为了改革而改革，背后同样有该区期望缓解可支配财力分配困境、提高资金使用效益的客观需求。

第七章分析的是北京市麦子店街道的参与式预算改革。麦子店改革启动于 2010 年，随后几年逐步完善。其改革模式受到了巴西参与式预算理念和实践的极大影响，该理念通过民间智库与地方主要领导形成的参与式治理理念网络传递到了麦子店街道。麦子店街道官员在学者的帮助下设计了预算的改革模式,拿出部分财政资金让民意代表决定支出项目、让不同部门和不同社区之间进行博弈、对民意代表进行议事能力方面的培训。而这些都是巴西参与式预算的重要特征。

第八章到第十章是第二组案例分析,构成了本书的第三部分。这一部分通过对三个案例的分析解答了为什么其他区域没有产生参与式预算改革。第十章考察了一个经济富裕、可支配财力雄厚的乡镇,即江苏省张浦镇,它与泽国镇形成了对比。张浦镇2011年前财力充沛,财政局领导一方面对于如何进行部门间资金合理分配倍感压力,另一方面也在培训中得到了启发,因此推动开启了该地的预算改革。但是,当地并没有学者团队介入,没有形成参与式治理理念网络。当地的改革方案是由工作人员通过网上搜索而拟定的,因此只是邀请了各预算单位负责人进行恳谈,没有邀请外部的公众代表来参加。虽然当地也邀请人大代表开了座谈会,但是在座谈会上人大代表只是听取了预算报告,并没有对报告进行审议。这个案例表明,一地拥有的可支配财力,会使得本地领导承受部门间财政资金合理分配和使用的潜在压力,但是如果当地没有形成参与式治理理念网络,则不太可能产生本书所定义的参与式预算改革。

第九章关注的是广西白圩镇的财政机制,主要想回答如下问题:参与式预算改革有可能产生于没有可支配财力的相对落后乡镇吗?由民众参与的预算改革会不会因能帮助这些地区把钱用在刀刃上而在这些乡镇更容易生根？本书给出的答案是不会。白圩镇是一个农业占主导的乡镇，经济发展落后，财政支出很大程度上依靠转移支付。在该镇，乡镇职能部门的职能已然萎缩，很多职能由上级政府代理，乡镇政府更多发挥沟通县级政府和村委会及村民的桥梁作用，乡镇发展所需的资金不受乡镇政府的调配。总而言之，这样的乡镇没有可支配财力，再加上没有产生参与式治理理念网络，因此不具备参与式预算改革出现的土壤。

第十章分析了一个重要的"反例"——白庙乡改革。白庙乡没有可支配财力，却出现了"参与式预算改革"。这是因为当地嵌入了参与式治理理念网络。在其推动下该地政府的确组织了民众代表参与议事，但是这种议事只是有限的参与，并不能影响预算，而且当地缺乏让其生根的土壤，只做了一年就没再继续，该模式也没有扩散到其他经济落后地区去。当地的财力特征决定了这种改革只能是有限的。而与此相反，正因为财力有限，它比富裕的地方更容易在另一个改革维度即公开预决算方面迈开步子，并坚持了若干年。白庙乡的财政改革说明：即便存在参与式治理理念网络，没有可支配财力的地区仍不能产生参与式预算改革。

第十一章是结论部分，总结了本书的观点。在目前的体系中，中国的政治发展从本质而言实行的是渐进的改良性改革，参与式预算改革是为了解决科层制内部的决策困境、在秉持参与式治理理念的理念网络基础上进行的一种改革。参与式预算是地方主要领导的工具，依据民意规制部门从而实现合理分配和使用财政资金的目的，同时它也无损于地方政府的权力。另外，本章回答了两个衍生的问题。第一，没有启动参与式预算改革，但又拥有可支配财力的地方如何应对分配困境？通过对海南一个乡镇的考察可以看到，中国地方政府其实已经演化出很多方式去应对这些压力。第二，参与式预算改革前景如何？2013年以后，预算方面的改革从各地创新实践转向了顶层设计阶段，各地的模式会逐渐合流。最后，本章还讨论了本研究带来的一些理论启示以及存在的不足。

第一部分
理论与背景

第二章 参与式预算的缘起

与许多源于发达国家的治理创新不同,参与式预算(participatory budgeting)是巴西阿雷格里港20世纪80年代的一项创新实践。作为巴西南部南里奥格兰德州的首府,阿雷格里港在20世纪80年代的区域贫富分化严重。在当地社会性组织邻里协会(Neighborhood Associations)的呼吁之下,80年代初执掌政权的新型左派政党劳工党发展了一系列由民众控制市政预算重点的制度,这便是参与式预算的起源(Baiocchi 2001)。其主要模式是划拨一定比例的财政资金让区域性民众代表来决定支出重点。

在劳工党执政期间,阿雷格里港的参与式预算不断发展,预算资金中由民众参与决定的比例逐步上升,民众参与的程度日益提高,这一做法也扩展到了更多的城市(Wampler and Avritzer 2004;Latendresse 2005)。不过,2004年劳工党在阿雷格里港市长选举中落败之后,中右派反对联盟掌控了政府,参与式预算在阿雷格里港有所式微。此后,参与式预算虽然表面上被维持,但政府给参与式预算划拨的资金减少,项目完成率降低,参与式预算对项目优先的排序也不被遵循(Melgar 2014)。

虽然在阿雷格里港的参与式预算有所衰落，但从全球范围来看，参与式预算却进入了广泛传播阶段。1996 年，联合国人居署第二次会议（United Nations Conference on Human Settlements，Habitat II）授予参与式预算"四十二项城市治理最佳做法"的荣誉。2001 年，阿雷格里港举办了第一届世界社会论坛，参与式预算开始闻名世界（Oliveira 2017）。参与式预算越来越被认为能够提高治理水平、实现赋权于民、促进民主治理和提升穷人福利（Touchton and Wampler 2014）。参与式预算从此进入快速扩散阶段。据估计，截至 2010 年，全球大概有 794—1470 个参与式预算案例，其中大概 200 个发生在欧洲，40—120 个发生在亚洲，拉丁美洲数量最多，有大约 510—920 个案例（Sintomer, et al. 2012：72-73）。

参与式预算在全球的扩散，并不意味着各地的做法和巴西的参与式预算是雷同的。相反，不同地方的参与式预算模式有着很大的差别，且在不断演化和融合中。在中国也是一样。中国自 21 世纪初出现了很多不同类型但都被称为"参与式预算"的地方实践，这些实践引起了学界较多的关注和研究。从图 2-1 显示的知网数据来看，国内学者对参与式预算的关注主要开始于 2005 年，在 2010 年达到高峰，之后缓慢下降。

在研究参与式预算的中文论文和专著中，除了少数是介绍国外的参与式预算案例，大多数是介绍中国各地的实践。一些学者使用单案例研究，比如贾西津（2014）介绍了云南盐津的

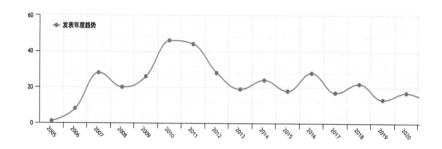

图 2-1 中国学者对"参与式预算"的关注度（1979—2020 年）

注：纵坐标为知网收录的文章标题中含有"参与式预算"的文章数，横坐标为年份。

资料来源：知网可视化分析。1979-2004 年的文章数量为 0。

参与式预算改革，林慕华（2014）分析了盐津改革中群众议事员的角色和参与度，张学明（2011）、王自亮和陈卫锋（2014）、朱圣明（2017）等详细介绍了浙江温岭一些乡镇和市里的改革，苏振华（2007）分析了温岭泽国镇参与式改革的效益，幸宇（2013）、吴晓燕和杨明（2013）等对四川白庙乡的改革做了分析，周梅燕与何俊志（2008）考察了上海惠南的改革，王逸帅（2017，2020）主要介绍了上海闵行的改革，项皓（2019）介绍了海南美兰区街道和社区的预算改革，尹利民和程萝倩（2020）考察了以南昌市西湖区社区为主导的参与式预算的做法。也有一些学者做了多案例的介绍和比较分析。比如，何包钢（2011）介绍了村级的参与式做法以及新河、无锡、惠南、泽国等的参与式改革；赵早早和杨晖（2014）对无锡的城市社区实践、温岭乡镇改革和焦作的试验进行了对比分析;杨国斌(2015)描述了泽国、新河、无锡、哈尔滨、白庙乡等地的参与式预算改革;等等。诸如此类的单案例和多案例研究十分丰富。很多学者都阐释了参与式预算的理论意义和现实意义,分析了改革存在的困境,并给出了相应的政策建议。

正因为研究众多,案例丰富,参与式预算这一概念的内涵和外延都被大大扩展了。究竟什么是参与式预算?参与式预算有哪些类型?为什么会出现参与式预算?这些问题值得去归纳和整理。本章主要围绕这些问题进行了中外文献回顾:第一节回顾和讨论了现有研究中学者对参与式预算的定义以及相关的分类;第二节总结和评论了现有研究中有关参与式预算出现的原因的内容。

第一节 参与式预算及其类型

学者布莱恩·瓦穆勒(Brian Wampler)对巴西的参与式预算进行了长期深入的研究。在他看来,参与式预算是一种决策过程,在这个过程中公民对于财政资金的分配进行协商和审议。参与式预算有两种路径:一种是针对如铺路、建立托儿所等具体公共项目的,即让公民去决定财政资金用于哪些具体的工程;另一种是聚焦于普遍化的支出政策和趋势,比如让公民来决定是否对某一类医疗服务项目增加支出(Wampler 2007:36)。

伊夫·辛多默与卡斯滕·赫茨贝格(2012)对参与式预算

的定义和瓦穆勒的类似，他们将参与式预算看作普通公民能够参与公共财政的方案规划和公共资源配置的过程。不过，他们认为参与式预算形式多样，各种形式还可以进行混合，因此划分的类型也更为多元。他们根据参与式预算的起源、会议的组织、商议的范围和质量、社会性组织的构成和角色等不同维度，参考欧洲实践，区分出了六种参与式预算类型，即阿雷格里港改编版、利益集团参与式、就近参与式、公共财政咨询式、多方利益相关者参与式、社区参与式。简单说来，阿雷格里港改编版和利益集团参与式都是基本遵循巴西阿雷格里港的做法，但前者鼓励普通公民代表参与，而后者只允许公司、工会、非政府组织等参加；就近参与式和公共财政咨询式的特点是公民代表的意见是纯粹咨询型的，商议结果由地方当局做出，但就近参与式往往不涉及具体的费用测算，而公共财政咨询式则强调财政的透明性；多方利益相关者参与式和社区参与式的特点是它们都设立基金，前者有部分资金由私营公司提供，而后者的部分资金来自国家或国际项目，或是项目自筹。两位学者认为，这六种类型修改后也能应用在对其他区域参与式预算的分析中。

联合国人居署同样认为参与式预算没有单一模式，不同地方有着不同的创新特点，这些特点还在不断地变化。因此，联合国人居署给的界定也比较宽泛，即公民通过参与式预算这个机制或过程，直接或间接地参与到公共资源的分配和使用的决策过程之中。联合国人居署认为,中国出现了两种参与式预算模式:一种是学习巴西的参与式预算做法,让社区居民代表参与到部分财政资金的决策、执行和监督之中;另外一种是人大的扩权,即人大代表更深入地参与政府预算的分配和决策过程(联合国人居署、城市社区参与治理资源平台2010:21-22)。

在介绍国外参与式预算案例或研究中国预算改革时,国内的学者或多或少地沿用了国外学者和机构对参与式预算的定义。比如陈家刚(2007)对阿根廷、加拿大、印度尼西亚、南非和爱尔兰的参与式预算进行了介绍,他认为参与式预算是一种创新性的决策过程,公民通过参与各种会议,获得分配财政资金、确定社会政策优先性、监督公共支出的机会。赵丽江与陆海燕(2008)介绍了法国、德国、意大利的参与式预算,认为参与式预算将公民吸纳进决策过程以实现公平分配资源、激励行政改革和监督行政官员等目的。马蔡琛(2014)在讨论中国预算制度演化时,认为参与式预算是将公民吸收到预算过程中,由公民来讨论和决定预算资金的使用,确定预算项目的优先顺序,以及监督资金的安全有效运行。

也有学者突出了参与式预算改革的中国特色。何包钢(2011)从三个层面探讨了参与式预算的定义。首先是行政民主角度,主要指的是公民和人大代表审核预算、根据重要性对项目排序;其次是政治改革角度,参与者不仅包括普通公民,也包括人大代表;最后是巴西预算实践角度,即公民和非政府组织通过它来决定预算的规则、程序和过程。简而言之,他在定义中突出了人大代表对预算的参与。程国琴(2019)介绍了巴西、加拿大、美国、日本的参与式预算案例,也研究了上海闵行、浙江新河的参与式预算实践。在她看来,参与式预算是权力主体和预算权利主体通过协商的方式共同决定预算资金配置的一种制度创新,有广义和狭义的区分。她采取了广义的定义,即参与式预算不仅包括公民直接影响预算资金分配,也包括通过多种参与方式对预算的社会监督。她认为中国的参与式预算正在起步阶段,用广义的定义更为合适。

对于国内参与式预算的分类,学者有着不同的看法。有的学者是从参与目标来分的,认为中国的参与式预算有三种类型,即获取决策信息型、提升政府合法性型以及增加公共服务可接受性型,分别对应的案例是上海惠南镇的代表点菜模式、浙江温岭的预算民主恳谈模式以及上海浦东、无锡、哈尔滨等地街道的项目预算支出选择模式(叶娟丽 2013)。有的学者比较认同联合国人居署的观点,认为中国的参与式预算有两种模式,第一种是公众通过投票表决的方式,确定项目建设优先性的直接参与模式,另一种是将公民参与纳入基层人民代表大会制度框架的参与模式(王婷婷 2013)。有的学者按照更为复杂的标准来分类。比如赵早早和杨晖(2014)按照预算目标的决策、预算资金的分配、政策目标的执行、执行结果的监督和评价这四个主要环节来区分参与式预算的具体类型,包括参与预算全过程型、参与预算编制型、参与预算审查型。有的学者则分了更多的类型,包括民主恳谈模式、公众直接参与模式、公共项目民众点菜模式、绩效预算模式以及本土创造的其他模式(马海涛、刘斌 2016;刘斌 2019:103)。

总体来看,为了包容现实中参与式预算实践的多样性,绝大多数学者对参与式预算的定义是非常宽泛的。不过,这种宽泛的定义在比照中国具体的实践时会给人们带来一定的困惑。比如:中国农村从20世纪80年代就开始的,村民代表通过讨论、座谈会等多种方式参与村级财务管理和监督的实践,是否可以被称为参与式预算?财政部门在编制预算时,有时会咨询各预算部门代表的意见,这是不是参与式预算?如果公民代表只是对政府提些改善公共设施的意见,并不涉及具体的财政资金分配,这是否算参与式预算?如果政府预算向公民公开,这是否算参与式预算?这些情形都不同程度地符合目前学者们比较宽泛的定义,但如果它们都算是参与式预算的话,那么可以判定中国早就实行了参与式预算,而且全国各地都一定程度上实行了参与式预算。因此,使用宽泛的定义并不合适。但是如果取其狭义,即将参与式预算只定义为巴西的参与式预算,又过于狭窄。因此,本书使用了介于两者之间的定义:在政府预算制定过程中,引入社会外部力量来审核政府支出,且能直接影响项目支出顺序和/或规模的机制化做法称为参与式预算。

其中有几个要点。首先，本书对参与式预算的研究只讨论政府及其派出机构的预算，并不包括村、社区群众性自治组织对公共资金的使用。其次，参与必须要有外部力量的参与，即要有社会力量的参与。如果只是政府各部门的参与或只是人大代表、政协委员的参与，就不算本书界定的参与式预算。再次，参与者必须要针对具体的财政资金和预算作出安排，而非仅仅提供建议，也就是说，参与者至少要看到财政资金的数字。比如，公民代表只是提一些建议，但是并不能直接影响具体项目选择和金额安排，本书也不将其定义为参与式预算。最后，外部力量必须要有与政府机制化的互动，才算参与。如果仅仅是政府晒账本，也不是参与式预算。

从现有文献对参与式预算的分类来看，分类标准比较多元，这源于学者们的研究目的各不相同。正如联合国人居署所注意到的那样，各国参与式预算实践都在不断变化之中，中国的参与式预算实践也是如此。改革的目标是多元和交叉的，改革模式是不断变化和交融的，很难对一项改革定性。本书想要研究参与式预算为什么产生，关注的是改革初期，这就使得分类更为容易一些。本书根据改革初期占主体的外部参与力量的产生方式做粗略的分类：一类是以临时产生的民众代表为主，其中包括随机选择、非随机的邀请（比如接受报名、下级推荐等）两种方式；还有一类以人大代表为主体，充分发挥人大职能，在此基础上邀请外部社会力量参与。不过，对参与式预算进行分类和加以介绍并非本书目的,本书要解决的主要问题是,为什么参与式预算会产生。

第二节 参与式预算出现的原因

巴西的参与式预算之所以能出现,除了行政部门对预算的提出和执行有着充分的自由裁量权,以及民选的行政长官有着发动改革的自主权力这两个条件之外(Baierle 2005),还有一个重要的原因是参与式预算有利于劳工党获得选票,掌握政权。参与式预算通过公开和透明的操作,使劳工党免受"左派恩庇主义"或者"阶级背叛"的指责,获得了中产阶级的支持(Abers 1998:518)。而参与式预算能够被其他拉丁美洲国家推行,是因为它能够帮其巩固民主基础。比如秘鲁的参与式预算便与其2000年之后的民主化过程紧密相连。经过十年的威权统治,秘鲁迎来了民主转型,秘鲁民众也已经厌倦了腐败和威权的做法。同时,经济与财政部不满地方政府财政决定不透明的情况,期望以参与式预算打击腐败和恩庇政治,从而成为改革的重要推手(McNulty 2011,2013)。

对于成熟的民主国家而言,参与式预算是政治家用来联系选民、重新吸引公民的战略之一(Smith 2009:4)。以欧洲为例。欧洲是参与式预算向拉丁美洲之外的大陆传播的"首站地"。21世纪初,欧洲各国公共管理部门正尝试用各种方式拉近与公民的距离，这些努力为参与式预算进入欧洲提供了最佳的窗口：从2000年到2010年，参与式预算项目在欧洲从个位数上升到了200多个（Ganuza and Baiocchi 2012：7-8）。对于不少落后地区而言，参与式预算则更多是由国际组织来主导和推动的（沙安文2013）。在东欧和非洲等地，世界银行、联合国等国际组织是启动当地参与式预算最为重要的主体。此类改革通常服务于这些组织的目标，比如实现更好的财务管理。而一旦国际支持结束，大多数改革项目也就结束了。尤其在非洲英语国家，参与式预算常常同其他政策工具结合使用，以实现国际组织所期待的"预算清晰化""投资可追溯""共识发展计划"等诸多目标（Sintomer, et al. 2012）。

不过，以上这些原因都无法解释中国何以出现参与式预算。中国特色民主制度和西式选举民主有着很大区别；中国也和非洲等国家的情况不同，中国的参与式预算大多是地方政府领导人主动选择的改革，而不是国际组织出于自身目的推动的。那么，中国引入参与式预算出于什么原因呢？

在马骏（2005：44）看来，走向预算民主是中国的必然趋势。随着中国从自产国家走向税收国家，缴税主体会自然产生参与决策的意愿，预算民主是必然的。这个观点得到了一些研究参与式预算的学者的认同。比如马蔡琛与李红梅（2009）认为，参与式预算之所以最初兴起于江浙一带，是因为这些地方民营经济较为发达，民众的民主意识较强，政府需要通过预算民主来回应大众的质疑和需求。这些观点颇有启发意义，但是它们无法解释中国民营经济发达地区是成片的，而参与式预算实践只出现在有限几个地方，即其他民营经济发达地区没有出现参与式预算这一现象。

在此基础上，有两派学者进一步解释了参与式预算出现的原因。第一派主张多因素的解释，即多种原因的叠加导致一地产生了参与式预算。比如朱圣明（2017）认为温岭参与式预算的出现，是三个因素共同作用的结果。首先是经济社会的发展，包括民营经济壮大、参与决策的民主意识增强、群体性事件增多，带来治理挑战；其次是当地独特的自然环境造就了敢为天下先的精神文化；最后是关键的政治力量的推动，即当地拥有政治理想坚定和政治嗅觉灵敏的地方政治家。徐珣与陈剩勇（2009）也认为独特的区域文化和经济发展推动了参与式预算的产生。何包钢（2011）同样赞成多因素说。他对多个参与式预算案例进行研究后总结了推动参与式预算出现的多个动力：依法纳税的企业家要求参与预算审议的意愿、避免政府官员腐败的诉求、对资源有限而需求无限矛盾的解决、打造政治品牌的愿望、人大等机构通过改革提升所掌握的资源和影响力的期望、地方党组织的推动、非政府组织的推动等。

多因素解释在理解单个具体案例时是有用的，对多个因素的分析能够展现一个案例的复杂面向。然而，这是一种描述性、具体性的阐释，而非具有普遍性的解释。具体的解释来源于特定的案例，这些解释一旦脱离这些案例就失去了解释力。比如，温岭当地独特的文化被认为是参与式预算产生的一个重要因素，但是这个因素就无法去解释其他区域，比如上海、北京、广州、焦作等地为何会出现参与式预算。

另一派学者则强调官员的推动作用。他们认为，地方政府层面具有企业家精神的政治家的作用不可被忽略（Yapeng Zhu，2013）。参与式预算的出现，的确和地方主要领导强有力的支持是分不开的（刘洲，2015：70；赵琦 2020）。但是，为什么他们要这么做呢？学者们提出了两种解释。第一种是地方政府担忧社会不稳定。维稳是地方政府的首要任务。如果出现严重的社会动乱，那么地方官员在其他方面的政绩都将被一票否决（Edin，2003）。当地方政府在治理过程中遇到挑战，并无法通过自上而下的方式解决时，地方政府就会引入社会协商的方式，以增加治理过程中的认同（Florini, et al. 2012）。汪玮与周育海（2013）认为参与式预算是一种应对社会不满、由下至上解决问题的有效方式。

第二种解释为，地方官员做出创新并不仅仅是为了规避风险和执行政策，也可能是为了晋升（陈家喜、汪永成 2013；Wang and Ma 2014）。县乡级干部的岗位责任制中列举了对于晋升而言非常重要的多项任务，而基层的政治创新也是其一（Kennedy and Chen 2014）。李连江（Li 2002）认为官员通过经济发展实现晋升的道路十分狭窄且拥挤，偏远地区没有什么能力发展经济，而市场化改革又使得发达沿海地区的党政领导对经济发展能做的有限。因此，一些先锋性的政治改革就成为晋升的路径。换句话说，参与式预算有可能是一种为了升迁而做的政绩。

不过，这两种观点同样也无法解释参与式预算在中国的兴起。首先看维稳的动机。达成与社会力量的合作从而实现维稳的目的，或许是参与式预算的结果，但不会是参与式预算的原因。参与式预算能使地方政府变得更加具有回应性和透明度，一定程度上能缓和社会矛盾，但是这种效果并非一蹴而就，而是需要一段时间才能显现。地方政府领导调动速度很快，常常是不到任期结束便会调往他处。出于功利的考虑，地方政府领导不大可能去推进那些在自己任内看不见成果的改革。而且社会不稳定的原因多种多样，为什么地方政府领导不选择其他的改革模式而偏偏选择见效缓慢的参与式预算呢？此外，也有学者指出：只有当政府和社会关系良好时，政府才会通过准民主的制度安排倾听民意；当政府感知到政府和社会的敌对关系时，通过准民主制度安排倾听民意的倾向就会减弱（Meng, et al. 2017）。其次看晋升的动机。在追寻地方政府官员行为的原因时，谋求晋升是最常被提及的动机。然而，这个动机很多官员都有，而且一直存在。换句话说，这个动机是常量，而非变量。为什么参与式预算出现在 2000 年之后而非之前？为什么参与式预算只出现在中国几个地方，而不是更多的地方？为什么参与式预算改革更多出现在富裕的地区，而非贫穷的地区？晋升动机无法解释以上问题。

总体来说，在解释中外参与式预算的兴起时，无论是为了获得选票和深化民主，还是由于私营经济的推动或为了更好的治理，学者们大多在一个框架下提出解释，即国家和社会的两分框架，认为国家和社会是相互作用、彼此界限分明的两种力量，参与式预算是两者互动的结果。本书旨在提供一个与此不同的普遍性框架去理解参与式预算在中国的兴起。如米格达尔指出的那样，国家是处在社会之中的。就像其他组织一样，随着国家整体或者部分与社会力量的互动，国家也一直处在塑造和重塑、发明和重新发明的过程之中。这些联盟或者网络使得国家和社会的关系并不是那么截然两分（Migdal 2001）。理解参与式预算的关键不在于国家和社会之间的分割和互动，而是国家内部权力的变动使得一些官员与社会的一部分力量进行了合作。为了进一步说明，我们首先要回顾从20世纪80年代开始重启的中国国家构建中的两个关键进程：国家的集中化和理性化。国家的集中化使得可支配财力在分配时存在潜在的矛盾，国家的理性化则为此提供了可供选择的解决方案。

第三章 国家的集中化：
可支配财力与参与式预算改革

中国地方的参与式预算改革都出现在21世纪以后，这是为什么？为何不是更早？这与中国国家治理体系的集中化进程有关，从财政管理的角度来看尤为清晰。在改革开放初期，中国的治理体系在纵向和横向上都呈现出碎片化的特征。从横向看，中国的财权分散于各部门，各部门享有收入权和支出权，财政部门并没有统揽财权。从20世纪90年代中后期开始，财政部门日益聚拢原本分散于其他政府部门的财政资金，并强化了对于其他部门的支出管理权。这也意味着各个部门的支出计划需要接受财政部门以及地方主要领导的审批和监督，地方主要领导因而也面临着合理分配和使用财政资金的潜在压力。

国家治理体系的集中化也体现在中央和地方关系的重构上。改革开放之初，地方政府对地方财政开支有着很大的自主权。随着20世纪90年代初分税制的施行，财力向上集中，中央政府和上级政府拥有了比之前更多的能够影响下级政府支出行为的工具和手段，其中最为典型的就是各种专项转移支付。这就造成财政部门的横向权力强化效应存在着区域上的差别。在经济落后、主要依靠转移支付①的地区，地方政府更多起着上传下达、维护社会基本运行和完成各种硬性任务的作用；在那些经济发达、拥有可支配财力的地区，地方政府才拥有一定的分配财政资金的裁量权。

换句话说，在经济富裕、拥有可支配财力的地区，地区财权的横向集中加强了地方财政部门和地方政府的权威。与此同时，这也给他们带来了更多的责任和压力。因为各部门为了满足本部门需求自然会相互竞争财政资金，以保障部门工作的绩效。这就使得地方政府特别是主要领导需要去合理分配资金，并规制各部门对财政资金的使用，以提高财政资金使用效益。而参与式预算改革便是一种疏散压力和满足需求的有效方式，它通过动员民众，依据民众意见来分配和规制部门支出。

第一节 国家构建中的集中化进程

20 世纪 70 年代末开始改革开放进程之时，中国面临的是一套碎片化的治理体制，财政预算管理体制也是如此。从横向看，财政部门在很长时间里都不是核心的管财部门。正如马骏

---

① 很多转移支付为专项转移支付。即便目前很多专项转移支付改为了一般性转移支付，但仍然定向居多。在一些地方官员眼中，专项转移支付和定向的一般性转移支付没有太大差别。

与侯一麟（2004）指出的那样，计划经济时期，财政资金的配置由计划委员会来掌握，预算只是计划的反映。改革开放之后，计划的逐步淡化使得预算体制呈现出"碎片化"的格局：原本由计划委员会集中掌握的资源分配权分散到了各个部门。另外，各个部门还掌握和支配了为数可观的预算外资金（马骏 2005：113-114）。以省级为例，在 20 世纪 80 年代初，可以用预算外资金进行投资的部门有省计委、经委、建委、农委、财办、四家银行、投资公司和省主管厅局（徐建阳 1981）。从 20 世纪 90 年代开始，财政部门开始逐步统揽预算外资金，这是财权横向集中、财政部门职能回归的重要过程和标志。

预算外资金发端于 20 世纪 50 年代，且一开始就有很大部分游离在财政部门的监管之外（成章 1957；曾直 1959；谷孟群 1980；黄冬娅 2009）。80 年代之后，随着中央要求有条件的事业单位挖掘潜力、筹措收入以解决经费不足问题之后，行政部门和事业单位自行收费的情况日益严重（谢旭人 2008：153）。1994 年，全国预算外收入达到 1432.52 亿元，相当于预算收入的 30.3%（邹立文 1996：15）。从预算外资金产生伊始，很多部门就另立账目，不经财政部门的批准使用这些资金（王子英 1957）。虽然从 80 年代中期开始，国务院开始推动规范预算外资金的管理，但收效甚微。比如 1986 年国务院发布的《关于加强预算外资金管理的通知》中规定，各地方、各部门对预算外资金的管理，可以在资金所有权不变的前提下，采取不同的方式。对于事业、行政单位预算外资金管理，原则上采取由财政部门专户储存、计划管理、财政审批、银行监督的方式（中国行政管理学会2002：373）。然而，这些原则更多停留在了表面，事实上有的地方政府部门私设小金库，有的搞两本账，有的甚至还将预算内收入转移至预算外。部门对这些预算外收入的支出方式也是五花八门，采取了基金制、支出包干、列收列支等方法。总而言之，这些资金的支配权不在财政部门手里（邹立文1996：16）。这些预算外资金难以统一管理，与条条干预下的部门利益有着密切的关系。一般上级主管部门会规定下级部门预算外资金的上缴比例，而各部门上缴完之后余下的资金就自行支配使用（杨正佐、姜志斌、沈效言1992）。即便中央文件要求加强财政管理，但是面对复杂的部门权力关系，地方也难以规范这些资金的使用。这就导致了部门间贫富不均，有些部门支配的财力大于财政部门，部门行政费用和购买力大幅上扬，部门随意增加摊派和收费等情况。

1994年实行的分税制使得中央集中了更多的预算收入，这种集中压力逐级向下传导，越是基层的政府，收入越紧张。但地方的支出责任并没有调整。所以，地方政府的预算压力日趋沉重（黄佩华、迪帕克等2003：3）。这使得一些地方政府的主要领导和财政部门有了更大的决心去管理和统筹预算外收入。比如，1993年开始，江苏泗阳县、湖南岳阳市等地为了应对即将到来的分税制造成的财政冲击，对预算外资金进行了统一管理（范学恕 1995；胡定荣 1995）。不仅如此，地方政府还积极开拓预算外收入。特别是从 1993 年开始，土地出让金划归地方政府，土地收入便逐步成为地方可支配财力的主要来源（吴睿鸫 2008：78）。

1996 年公布的《国务院关于加强预算外资金管理的决定》，明确规定预算外资金是国家财政性资金，要上缴财政专户，实行"收支两条线"管理，并将十三项数额较大的收费以政府性基金预算的方式纳入预算管理。地方财政部门按照国家规定收取的各种税费附加，统一纳入地方财政预算，作为地方财政的固定收入，不再作为预算外资金管理。随后，中央又陆续出台《中共中央、国务院关于治理向企业乱收费、乱罚款和各种摊派等问题的决定》和《国务院关于加强预算外资金管理的决定》，规范和调整了收费的方式，取消了三分之一的基金（中国行政管理学会 2002：617-618）。2001 年《关于深化收支两条线改革进一步加强财政管理的意见》出台，强调收支脱钩、收缴分离，这标志着财政部门统揽预算外资金终于迈出了实质性的步伐。[①] 2003 年，《中共中央关于完善社会主义市场经济体制若干问题的决定》第一次明确提出要实行全口径预算管

[①] 2005 年以来，"收支两条线"的管理范围进一步扩大，在原来对行政事业性收费、政府性基金和罚没收入实行收支两条线的基础上，又将国有资源（资产）有偿使用收入、国有资本经营收益、彩票公益金等政府非税收入，纳入收支两条线的管理范围。参见祝才：《"收支两条线"管理制度改革的实践及完善对策》，《中国财政》2005 年第 12 期，第 33—34 页。

理，即统一将预算外资金统揽入预算内进行管理。2010年，财政部颁布的《政府性基金管理暂行办法》规定，政府性基金属于政府非税收入，需全额纳入财政预算。另外，根据《财政部关于将按预算外资金管理的收入纳入预算管理的通知》，从2011年起，除教育收费作为事业收入纳入财政专户管理外，其他预算外资金全部纳入预算管理（高培勇等2015）。总而言之，从20世纪90年代中期开始，以往由部门所支配的预算外资金逐渐归财政部门管理，其中很大一部分以政府性基金的形式纳入预算管理。

财权的横向集中不仅体现在财政部门对财政资金的集中管理上，也体现在与之相关的其他财政改革中。首先，从20世纪90年代中后期逐渐推进的政府采购制度使得各部门失去分散采购的权力，采购由财政部门统一安排，统一采购的范围也不断扩大。长期以来，中国政府的采购行为比较自由和分散，资金从国库划拨出去之后，基本由预算单位自行支配，财政部门无从监督，造成了资源浪费和诸多腐败现象。1998年的国务院机构改革，专门将"拟定和执行政府采购政策"的职能赋予财政部，财政部预算司设立专门机构负责政府采购。1998年下半年，政府采购制度在地方层面推进。到2000年，各地都设立或明确了相关的职能机构。短短十年时间，政府采购规模从1998年的31亿元上升到了2008年的5990.9亿元（《中国政府采购十年》编委会2011：3-4）。

其次，国库集中支付制度也使得财政部门对各部门的支出行为有了更大的管辖权。在国库集中支付制度实施之前，中国财政支出的支付模式同样呈现出碎片化的特征，各部门的年度支出总额会被拨付到各部门在商业银行开立的独立账户，由各部门自行支配使用。这就使得财政部门无法了解资金运转情况，无法使用闲置资金，更无从监督。2000年，财政部设立国库司。2001年，《财政国库管理制度改革试点方案》出台。从此，中国开始逐步推进国库集中支付制度，这使得部门分散设置账户、资金游离于预算管理成为历史。此后，财政资金集中在国库单一账户，不再直接拨付到预算单位的账户上。这样财政部门对地方财力的调配使用有了更大的权限和自由度，也能合理利用闲置资金，以及更好地平衡财政收支（张善飞2017）。

另一个重要的改革是同样起始于2000年的部门预算。之前中国并没有部门预算，财政资金是按功能进行归口统计，而不是按部门来显示。部门预算要求实行零基预算，这打破了原来的基数法预算编制方法。两者之间的关键差别在于，传统的基数法使得部门预算在原有基数上增长；而零基预算则不管过去的基数，强调部门在确定要做的项目之后从财政部门获得相应的经费，这就打破了部门原来的固有利益。目前，地方政府的通常做法是，人员经费和公用经费都是根据标准拨付的；而专项经费，即用来建设和发展的项目经费，是通过零基预算来制定的（马骏2005：200-224）。对于财力充沛的地区，这更多地是财政部门加强对支出部门控制的一种方式（牛美丽2010）。此外，部门预算也强调综合预算，即将各种资金收支都以部门为单位加以预算。

总而言之，从20世纪90年代开始，全方位、多维度的财政改革无一例外强化了财政部门对其他政府部门使用财政资金的监督和控制（谢旭人2008：313-341）。财权的横向集中，很大程度改变了中国财政支出横向存在的碎片化特征。在这个过程中，财政部门职能逐步回归，统揽了预算外资金，加强了对其他政府部门支出的控制和监督。地方财政部门的权力强化，也意味着地方主要领导对于财政支出有着更大的自由裁量权，同时负有更大的责任。正如於莉指出的那样，预算草案的形成过程实际上是地方最高行政首长在财政部门及相关部门的辅助下完成的，各支出部门都在预算上直接对行政首长负责（於莉2010：31-32）。从根本上来说，这与财政部门的领导体制有关。地方财政部门实行双重领导体制，即以地方领导为主、上级主管部门业务指导为辅的管理模式（马翠军2016：49）。财政部门的理财能力直接关系到地方党政领导可以支配的资源，决定着地方治理的成效，所以以地方领导为主。不过，地方是否拥有可支配财力决定了地方主要领导和财政部门的权力和相应的责任大小。要理解什么是可支配财力，就需要分析中国财力分配的纵向安排及其带来的效应。

西方学者常常惊诧于中国地方政府在政府开支中扮演的重要角色。最近十多年来，中国地方政府财政开支占全部政府开支的比例超过80%，远高于其他国家地方政府的支出比例。但是地方政府并不对地方财力享有绝对的支配权，目前中国的财政支出体系非但不分权，相反财权很集中，中国财权分散的情况其实出现在计划经济时期。

同许多社会主义国家一样，中国在计划经济时期通过强组织力积累资本和推动工业发展。但是，中国却从未实现过苏联那般的高度集中（Huang 1994），只是在新中国成立初期实行过高度集中的财政体制，那时条状的职能部门占决定性的主导地位。在财政支出方面，中央主管部门向地方各部门下达详细的计划指标和财务指标，地方财政只起到汇总作用（陈学 1956：11-12）。但20世纪50年代后半期的分权化改革使得地方财权大大扩展。地方预算在国家预算中所占比重从1953—1957年的24.2%—29.6%，上升到了1959年的46.3%（戎子和1959：21）。20世纪60年代初，中国经济进行调整，集中管理重新被强调。不过，这个时期地方支配的财力仍然约占40%（赵国良、郭元晞 1984：13）。可见，虽然60年代初纵向职能部门的作用有所恢复，但是比起50年代初期，地方政府的财权已经大为增长。

地方财权进一步扩大开始于20世纪70年代。"文化大革命"初期，中国的各个领域都受到了很大的冲击。在这种状况下，无视国家财政纪律，有章不循、各行其是的现象数不胜数（《当代中国》丛书编辑部1988）。70年代，中国出现了多种形态的地方财政包干制，地方政府享有较大的财权。80年代，为了缓解中央的财政支出压力，中国在多个领域实行分权（辛向阳2008）。其中，财政领域实行广泛的"分灶吃饭"制度，地方政府根据国家计划、中央的方针政策和地方财力进行统筹安排，多收多支，少收少支。虽然80年代具体的规则有所变化，但其本质仍是地方政府对当地财政实行包干（宋新中1997：403，406）。总之，在20世纪七八十年代，地方财政权限已经大为扩张。

"分灶吃饭"虽然激发了地方政府的积极性和活力，却不利于中央财力的集中和宏观调控。王绍光和胡鞍钢（王绍光、胡鞍钢1993；王绍光1997）等学者论述了中央财力紧张对国家能力的损害，提出分权应有底线。从20世纪90年代开始，财权开始向上集中。1994年的分税制便是中央和地方财政关系的重大变革，此次改革将主要的财政收入集中在中央政府手中，中央获得了财力的再分配权（周飞舟2006）。分税制虽然调整了收入分配，但是并没有调整支出责任，大量支出仍由地方政府负责。不过值得指出的是，地方政府并不能随意支出，中央和上级政府利用多种手段来规制下级政府的支出方向。

那么，中央政府有哪些方式可以控制下级的支出走向呢？

首先，中央政府能够对下级政府进行直接的财力控制。实施分税制后，中央财政实力不断增强，地方财力的近三分之一需要依靠中央的转移支付，中央实际上拥有了财力的再分配权（周飞舟 2006）。其中，规模庞大的专项转移支付体现了资金拨付部门的意志（周飞舟 2012）。马翠军（2016）在对农业部门的研究中指出，2000 年以来，中央用于支农的资金和项目类型远超从前，上级业务主管部门由此获得了对资金的支配权力。不仅如此，中央和上级政府在向下拨付资金时，还常要求地方提供配套资金。这种专项化和项目化的资金分配强化了中央对地方、上级对下级的支出控制权，地方财政自主权下降（渠敬东、周飞舟、应星 2009；高培勇、汪德华 2016）。

其次，除了相当多指定用途的财力外，地方政府在制定预算时还须遵守一系列的法律法规（黄佩华、迪帕克等 2003）。有很多支出必须按照法律和国家规定以一定的比例增长。中国有三类法定支出：教育支出、农业支出、科技创新支出。以教育支出为例，从 1993 年开始，地方教育性财政经费就被反复要求需达到地方 GDP 的 4%（刘妍 2011）。1995 年通过的《中华人民共和国教育法》规定，各级人民政府教育财政拨款的增长应当高于财政经常性收入的增长。《教育法》两次修订，但该条款仍在法条之列。事实上，除了三项法定支出之外，还有多项支出也得到了各种法条和政府规定的保障，比如宣传和文化支出、环保支出、医疗支出、公务员工资支出等。而这些都是地方政府在制定预算时需要考虑的（World Bank 2002：83；靳继东 2010）。

此外，中央和上级政府还可以通过间接的方式去控制地方的开支方向。中国是单一制的国家，上级政府主导着下级政府的职责分配，地方政府需要完成上级政府指派的任务。一个典型的例子就是，在每级政府法定事权的最后一项，都是"办理上级人民政府交办的其他事项"（靳继东 2010：116）。宏观的目标常被分解成具体的小目标，并随着科层制逐级下派。安秀梅（2007）指出，即便是一些属于上级政府的法定事权，上级政府也会通过考核、一票否决等方式将本级责任分解为下级责任，从而出现"上级请客、下级买单"的情况。对于地方政府官员而言，满足上级的要求和完成上级下达的任务关系到其政治前途。年度的干部目标责任考核对地方政府官员构成压力，他们的绩效和成绩都会被具体的数字和指标加以衡量（Gao 2009）。

正因为如此，地方政府承担了诸如教育、经济发展、基础设施建设、维稳等众多职责。其中，县和乡镇级政府责任尤其重大，提供了大量重要的公共服务。据黄佩华（2003：72）的统计，这两级政府共同提供了70%的教育预算支出和55%—60%的医疗卫生支出，市/地区和县级市提供100%的失业保险、社会保障和福利支出。除了这些硬性任务之外，中央和上级政府还常会有一些临时的任务和工作指派给下级，并通过运动或者比赛等方式动员地方来完成这些任务（周雪光 2012）。

地方政府也因此必须预留一些资金或者调整原来的预算来完成这些突发或者临时的任务（罗春梅 2010：56）。

由上可知，虽然地方政府负责进行大量的财政开支，但是很多开支其实并不受地方领导意志的支配。很多财政开支是用来完成一些硬性和规定的任务，比如人员经费、政府运转、法定支出、上级配套、社会福利等（王小平 2000）。地方政府财政支出的结构也可以反映这一点。目前，地方政府财政开支可以分为三个部分，即人员经费、办公经费和项目经费。人员经费和办公经费是地方政府根据不同的标准来计算的，目前通过预算信息管理系统自动生成，这部分是地方预算中首先保证的部分（栾骁峰 2015：29）。在不富裕的乡镇，仅是人员经费和办公经费就可占到财政支出的 50%—70%（Oi and Zhao 2007）。项目开支，也须先保障中央和上级规定开展的项目，尤其是民生项目，对于剩下的经费，地方政府才有一定的自由裁量权。当一个地方本级可用财力（包括本级一般公共预算收入和政府性基金收入等）超过当地保工资、保运转、保民生（"三保"）所需要的财力，即被本书定义为拥有可支配财力。当一个地方不拥有"三保"之外的额外财力，甚至本级可用财力都无法实现"三保"时，即没有可支配财力。

总而言之，在财力向上集中的形势下，虽然地方政府经手的财政开支规模庞大，但是受到了多重限制。不过，这种限制程度在不同地方是不同的。其中，可支配财力的有无是个关键变量。对于没有可支配财力、依赖转移支付的地区，其财政开支只能完成一些硬性和规定任务；而拥有可支配财力的地区，除了完成硬性和规定任务之外，地方政府往往仍有余力去做一些别的项目。地方可支配财力的有无决定了当地政府所享有的支出空间。正是这种区别，为一些地方参与式预算改革的开展打开了窗口。

第二节　可支配财力与参与式预算改革

在拥有可支配财力的地方，地方政府除了完成一些规定任务之外，还拥有了在财力分配上的自由裁量权，但也面临着如何分配和管理好这部分资金的压力。地方各个政府机构、各个分辖区都有自己想进行的项目。对于同为政府部门之一的财政部门而言，很难平衡这些需求，更何况还须顾及其他部门的分管领导的意见。基层的地方主要领导一般都是外地调入的，任期也有限，他们既要把财政资金花在合适的领域，同时也要处理好在当地的分管领导和各个部门之间的关系，这对他们来说也是一种挑战。将民众引入预算过程，让民众对预算编制和预算执行提意见，则可以起到规制不同部门和辖区的资金需求与使用的作用，从而减轻财政部门和地方主要领导在分配资金、处理关系时所面临的压力。

在 20 世纪、21 世纪之交的系统预算改革之前，部门和分管领导都享有资金二次分配权。随着预算改革的推进，除了少数强势的部门之外，大部分部门都失去了这种权力，分管领导之前"批条子""打招呼"的现象也大大减少了（马骏2007：70）。但是，这并不意味着部门和分管领导就失去了财政分配上的话语权。相反，在预算制定过程中，他们会提前去找地方主要领导和财政部门去争取各种项目，进行讨价还价。对于部门和其分管领导而言，财政收入最大化是理性的选择。首先，更多的财力是他们把工作做好、做"出彩"的基础。其次，在实际工作中，有很多工作任务是不可预期的，所以财力对完成这些临时性的任务有重要作用。因此，在预算制定过程中，各个部门存在多报预算的动机。

这给地方财政部门带来了压力。地方财政部门是地方众多职能部门中的一个，它扮演的是财政看守者的角色，其工作之一是对部门提出的预算安排（主要是各种项目安排）进行审核和控制。但是地方财政部门扮演这种角色却有着先天的缺陷：首先，从行政职级上来说，地方财政部门并不凌驾于其他部门和分辖区政府之上，缺乏必要的权力对它们实行监督和控制。其次，财政部门领导人还要面对各级分管领导。分管领导从行政职级上来说高于财政部门领导人，因此财政部门在处理与其他部门的关系时也要顾及其分管领导。以《中县干部》考察的中县为例。中县隶属河南，县人民政府工作部门一共有26个，财政局为其中之一，财政局局长为正科级。中县一共有5

位副处级别的副县长，他们分管工业、土地建设、文教卫生、农业等领域。副县长的分工是由县委书记和县长定的，不同的分工也带来了不同的权力（冯军旗 2010：92）。换句话说，一个县的财政局局长不仅要面对几十个平级领导，还要面对若干个级别高于他的分管领导。其次，地方财政部门并没有知识和信息优势去评判其他部门提出的预算安排，财政部门审核部门项目常常会遇到其他部门对其专业性的质疑。财政部投资评审中心副主任赵超（2004：25-27）也曾撰文承认：即便财政部门内设有评审中心，但"由于目前财政评审机构的专业技术力量不强，对项目在技术设计上和设备材料选用上的合理性往往难以进行深入的评审，缺乏权威性的评审意见，只能认可原有的设计和已形成的工程建设现状，使财政部门只得在项目技术设计上和设备材料选用上照单付账"。

或许有人会指出，财政部门虽然不高于其他政府部门，但其工作是得到地方主要领导的支持的。的确如此。地方上分管财政部门的通常是副行政首长或者行政首长助理，实质上是行政首长对其进行管理（於莉 2010：116）。而财政部门的工作也是得到地区党委书记的支持和同意的。从正式的权力关系来看，行政首长有权对财政资金进行分配，可以决定财政资金的使用方向。但是从非正式关系来看，行政首长并不能独断专行，而是嵌入地方网络，并且受制于此。这对于县乡两级政府而言尤其如此。从 20 世纪 90 年代开始，领导干部回避制度逐渐恢复。之后颁布的《中华人民共和国公务员法》明文规定："公务员担任乡级机关、县级机关、设区的市级机关及其有关部门主要领导职务的，应当按照有关规定实行地域回避。"换句话说，在县乡任职的地方主要领导并非本地人。另外，领导干部调动也十分频繁，很多不到5年的法定任期便另有委派（耿曙、庞保庆、钟灵娜 2016）。因此，恰当地处理与当地官员的关系也成为地方主要官员需要考虑的方面。

因此，财政部门和地方主要领导其实进入了一个尴尬的局面，尤其是在那些拥有可支配财力的地区。正如阿伦·威尔达夫斯基等人指出的那样，预算总量的增长带来了更高的预算风险，预算程序也会随之变化。资源分配过程涉及的各方所形成的错综复杂的关系，使得预算过程中产生了多种多样的困难。由于人们的偏好、对未来的判断以及对所面临的约束看法均不同，要对预算安排达成共识颇为困难（威尔达夫斯基、凯顿 2006：2）。如何把财政资金用在恰当的用途上？如何协调各部门对财政资金的竞争？如何让财政资金的支出更有效益？如何恰当地处理财政分配过程中的人际关系？这些都是财政部门以及地方主要领导需要思考和处理的问题。

因此，在财权集中的趋势之下，具有可支配财力的地区，地方财政部门和地方主要领导承受着结构性的分配和监督压力。他们的应对方式当然是多元的。如果他们接触到并认同参与式治理的理念，在学者的帮助下获得了相应的改革方案，那么让民众代表参与到预算过程中并建言献策，就很有可能成为应对方式之一。从直接效用来说，地方主要领导和财政部门可以根据民众意见合理化当地的财政支出，控制部门经费需求以及调整预算规划。从间接作用来看，仅仅是民众代表将要审核部门预算的预期，就会限制部门最大化其预算的冲动，并且增强其更有效利用资金的意愿，进而促进财政资金在各部门中更有效的分配。让民众参与进来变成了一种政治智慧，既能够维护地方主要领导的权威和意志，也有利于保持当地健康的政治生态，更有利于保障支出效率和当地民生。

简而言之，让民众参与进来是化解财力分配压力的方式之一。一些地方官员嵌入了参与式治理理念网络，接受了参与式改革理念，那么他们在资金分配的压力之下就有可能选择参与式预算改革。但有的官员没有接触到这些理念，或者排斥接触到的这些理念，或者接受其他的理念，而没有嵌入参与式治理理念网络，就有可能选择其他方式去应对这些压力。总而言之，官员在结构性压力下究竟会采取哪种策略，其实是偶然的。官员的教育背景、从政经历等，使官员有着不同的机会去接触各种理念提供者，形成各种人际网络。不过，中国20世纪80年代以来新一轮的国家构建过程使得官员接触到各种理念提供者、形成秉持各种理念的理念网络的概率更大，这个关键进程就是国家的理性化进程。

第四章 国家的理性化：
理念网络与参与式预算改革

卢梭（2005：4）曾经说："人是生而自由的，但却无往不在枷锁之中。"其实这句话反过来说也能说通。对于处在结构性压力下的个人来说，虽处在枷锁之中，却仍然有着选择的自由。正如上文所言，在财权集中的态势下，地方主要领导和财政部门承受着合理分配财力的压力，但在具体行动上，他们有着多元的选择。对坚持用"理性人"理念分析的学者来说，最终的选择无非是权衡成本和收益后的决定。然而，成本和收益并不是确定的、明码标价的。人处在网络之中，受到来自各方的理念影响，这些网络也会带来额外的激励和压力。

改革开放之前的一段时间里，国家对公务人员的选择主要以政治标准为主，对专业的考虑较少。改革开放之后，国家开始重新强调政府工作人员的教育水平和专业能力。很快，政府工作人员的面貌发生了巨大的变化，他们受到了更好的教育、更全面的培训以及更多的智力支持。治理体系的理性化并不代表非正式关系的消失，反而使得政府官员有了比以往更多的机会去接触各种各样的理念提供者。当地方主要领导认同某一特定的理念，并和该理念的提供者紧密互动时，这一理念的理念网络就形成了。具体而言，学历教育、在职培训、智库支持都会催生理念网络。理念网络中的官员会受到理念的塑造，获得改革的具体策略，以及得到媒体和学术关注等额外的激励。因此，在其他条件一致的情况下，处在理念网络中的官员比没有处在该网络中的官员更有可能推动某项改革。参与式治理理念网络并非只有一种类型，而是存在持有不同具体理念但都强调民众参与价值的多个网络。

第一节 国家构建中的理性化进程

在韦伯（1997：320）看来，现代国家是理性的，官僚体制向着理性、职业化和专业化方向发展，其中的标志就是官员们要接受专业考试和专业培训。从20世纪80年代开始，中国干部的新选择标准强调干部的教育水平和专业能力。新政策要求的革命化（政治标准）、年轻化（年龄标准）、知识化（受教育程度的标准）和专业化（职业标准）改变了过去单一政治标准的规则（徐湘林 2001：73）。中央政府开始了一系列制度改革来推动这个目标的实现，年轻的、受教育的一代公务员代替了上一代国家工作人员（Zhou 2001）。具体而言，有三个机制在推动中国国家的理性化。

首先是文凭准入。1982年，行政部门工作人员中只有6%的人拥有大学文凭，19%的人受教育年限少于6年。在领导干部中，71%的领导只拥有初中及以下学历（Lee 1991：223-224）。为了改变这个情况，中国出台了大量相应的政策。1982年9月，劳动人事部发布了《关于制定〈吸收录用干部问题的若干规定〉的通知》，其中对干部招收对象的文化水平做了统一规定，即必须具备高中以上文化程度。从1984年开始，中组部和劳动人事部着手起草《国家工作人员法》。1985年，中央书记处将这部法律的对象限制于国家机关工作人员，改名为《国家行政机关工作人员条例》。1987年党的十三大和1988年的全国七届人大一次会议都提出要建立中国的公务员制度，在全国七届人大一次会议之后，我国成立了人事部来推行公务员制度。1993年4月，国务院第二次常务会议正式通过了《国家公务员暂行条例》（徐颂陶1997：6-8）。1993年8月，中国正式颁布了《国家公务员暂行条例》，并随后于1994年制定了《国家公务员录用暂行规定》，其中明文规定"报考省级以上政府工作部门的应具有大专以上文化程度。报考市（地）级以下政府工作部门的文化程度由省级录用主管机关规定"。自该条例推行之后，各地开始陆续组织大中专毕业生录用资格考试。就组织全国首次考试的北京来看，一共有5000多人报名考试，其中中专生、大专生、本科生和研究生所占的比例是32%、21%、42%和5%（赵磊1995：10-11）。2006年，《中华人民共和国公务员法》正式开始施行。2007年出台的《公务员录用规定（试行）》将大专以上文凭作为报考公务员的基本条件之一。

除了对公务员整体受教育水平的要求不断提高，国家对党政干部的受教育水平也有了明确的要求。2002年7月印发的《党政领导干部选拔任用工作条例》规定，提拔担任党政领导职务的，一般应当具有大学专科以上文化程度，其中地（厅）、司（局）级以上领导干部一般应当具有大学本科以上文化程度。这条规定在2014年1月修订的《党政领导干部选拔任用工作条例》中仍然沿用。2008年，中共中央组织部、人事部颁布了《公务员职务任免与职务升降规定（试行）》，其中规定晋升乡科级领导职务的公务员应该具有大学专科以上文化程度。归纳起来，自20世纪80年代以来，我国对公务人员的受教育水平要求不断提高，大专以上文凭成为公务员身份的基本要求，乡级干部和县级干部必须是大专以上学历，而厅局级以上必须具有大学本科以上的学历。

在干部知识化和专业化相关政策的要求之下，我国的国家工作人员受教育水平逐年提高，到了20世纪90年代末，地县级以上各级干部获得大专以上学历的比例就已经超过了90%（参见表4-1）。由复旦大学陈硕及其团队整理的地市级党委书记数据库显示，2000年，333位市级党委书记中，博士研究生学历11位，硕士研究生学历62位，本科学历73位，大专学历

22位，高中学历2位，中专学历1位，教育背景不详的有162位。到了2010年，333位市级党委书记中，博士及博士后学历40位，硕士研究生学历146位，本科学历54位，大专学历12位，教育背景不详的是81位（陈硕2015）。省级及其以上党政官员的受教育水平也呈现出同样的上升趋势。孙珠峰和胡伟统计的2011年14个省区新换届的186名党委常委中，除了没有公开学历的4人之外，在能够查到学历的182名委员中，研究生学历的有144人，占比79.1%，其中有41人为博士研究生，占比22.5%。而上一届的这14个省区的181位常委中，研究生学历的有119人，占比65.7%，其中有20人为博士研究生，占比11%（孙珠峰、胡伟2012：37-39）。值得指出的是，中国官员除了受教育水平不断提高，其从人文社科类专业获得学位的比例也在不断提高。有些学者曾指出，中国在"文化大革命"结束之后出现了技术官僚或者工程师执政的现象（Andreas 2009；Li 2001）。但随着时代的变迁，中国出现了更多受过人文和社会科学训练的党政官员。孙珠峰和胡伟（2012：39-40）指出，从胡锦涛和温家宝等领导人开始逐渐从技术专家型官员向公共管理型官员过渡，习近平和李克强等为文科背景出身，他们可以称为公共管理型官员或政治人物或政治家。地市级党委书记数据库显示出地方政府层面也呈现出类似的情况。2010年的统计显示，333位市级党委书记中，252人获得了大专以上的文凭，其中，有83人曾获得过人文类专业的学位，163人曾获得过社会科学类专业的学位（沈勇、程文浩 2009：59-60）。

表4-1 国家工作人员获得大专及以上文凭的比例（1978—1998年）

	1978年	1982年	1988年	1992年	1998年
中央政治局	23%	32%	67%	86%	92%
中央委员会	26%	55%	73%	84%	92%
部委	—	38%	82%	88%	95%
省级	—	20%	59%	96%	95%
地县级	2%	31%	78%	91%	—

资料来源：Cheng Li, *China's Leaders: The New Generation*, Lanham: Rowman & Littlefield Publishers, 2001, p. 38。

中国的国家工作人员不仅受到了更好的教育，同时也受到了多层次、多类型的培训。早在20世纪80年代初期，中共中央、国务院颁布的《关于中央党政机关干部教育工作的决定》以及后来中共中央颁布的《关于实现党校教育正规化的决定》、中共中央组织部公布的《全国干部培训规划要点》等文件，明确规定各级党组织都要分期分批地组织比较年轻而文化水平较低的干部，专心致志地读几年书，学文化、学政治、学管理、学科技，提高现代科学文化水平和理论政策水平（仝志敏 1988：261-263）。1996年，《国家公务员培训暂行规定》明确规定了三种培训：第一种是在试用期内进行的、时间不少于10天的初任培训，第二种是针对即将担任领导职务的人员进行的、在到职前的、为期不少于30天的任职培训，第三种是每人每年参加培训的时间累积不少于 7 天的更新知识培训。对这三类培训的强调同样可以见于《公务员法》。此外，2002 年《党政领导干部选拔任用工作条例》要求担任党政领导职务的公务人员应当经过党校、行政院校或者组织（人事）部门认可的其他培训机构五年内累计三个月以上的培训。2006 年的《干部教育培训工作条例（试行）》除了对县处级以上的官员重申这一要求之外，也明确要求其他工作人员参加脱产教育培训的时间，一般每年累计不少于 12 天。除了这些法律条例之外，还有一些具体的培训规划来规定官员的培训。比如中共中央印发的《2013—2017 年全国干部教育培训规划》提出中组部每年负责安排 500 名左右省部级领导干部、3000 名左右厅局级领导班子成员、500 名左右县委书记和 4000 名左右中央和国家机关司局级干部进行培训，各级组织部门和公务员管理机构要保证领导干部每 2 年脱产培训一次，5 年内所有公务员要全员轮训一遍（俞可平 2014：7）。

中国有着多元的培训机构来满足这些培训要求，其中最为核心的是党校系统。目前，在全国范围内大约有 2800 所党校，构成了中国国家工作人员培训的巨大网络。目前，党校发挥的三个重要的功能是：保持党的路线，宣传政策，培训官员技能（Lee 2015：14-30）。第二个系统是 20 世纪 80 年代开始广泛建立的行政学院网络。从 1987 年开始，建立行政学院系统的行动开始陆续展开，1994 年国家行政学院建立。在 2018

年前，绝大部分省区市都设立了党校和社会主义学院，在很多地方这两者是同一机构，挂两块牌子。2018年行政学院和党校两个系统正式合并。除此之外，还有大约1000所社会主义学院，主要用来培训少数民族干部和其他统一战线的社会群体。

党校的重要目标之一是保证党政干部对意识形态的正确理解以及保持对党的忠诚，但是20世纪80年代以来也开始强调对党政干部管理技巧和知识的培训（Pieke 2009）。沈大伟（Shambaugh 2008：146）对省级党校教材进行调查后发现，党校在教授马克思列宁主义、毛泽东思想和邓小平理论之外，也教授当代世界经济、当代科技、当代法律体系、世界军事与中国国防，以及世界理念潮流等课程。党校不仅有自己的全职教师，还邀请国内外著名大学和研究机构的教授与研究人员来授课、做演讲。比如中共中央党校早在1995年便开始与国外机构建立研究合作关系，当年其国际战略研究中心和哈佛大学费正清东亚研究中心之间建立合作关系。现在中共中央党校已经和17所外国高校有合作关系，其他地方党校也纷纷与国外机构建立了各种合作关系（Lee 2015）。

不仅如此，2005年，上海浦东、井冈山和延安又建立了三家新的干部学院，成为在中央党校和国家行政学院培训公务员和其他干部之外的新选择（Chin 2011）。延安和井冈山的干部学院主要注重意识形态和革命历史的培训，而浦东的干部学院则偏向于经济、商业和公共管理知识培训。另外，中国的高校也承担着培训官员的任务。1985年，重点大学和高校就已经为干部开设了高级研究和培训项目。21世纪初，《干部教育培训工作条例（试行）》等中央规定再次号召大学和研究机构承担起干部教育和培训的任务（Lee 2015：105）。自2009年开始，北京大学、清华大学、中国人民大学等13所重点高校正式被中组部列为国家干部培训基地。最后，中国还有很多与国外机构合作的培训项目（俞可平2014：6，8）。

中国的国家机构的工作人员除了本身专业和知识水平不断提高之外，也得到了来自其他方面的智力支持：政策研究机构、智库以及课题项目等非机构化的知识输入。因此，当代中国决策过程的一个重要特征是：随着政策研究人员和智库的增多，政府内外的学者和专家有了更多参与的机会（Harding 1987：212）。

与国家机构关系最为紧密的是政策研究室。政策研究室设立在国家机构内部，属于这个系统的一部分。政策研究室在20世纪50年代按照苏联的研究机构模式设立，隶属各级部委（Tanner 2002）。后来，这些政策研究室受到"文化大革命"等政治运动的影响，无法发挥正常作用。1975年，邓小平复出后建立了国务院政策研究室。目前党政系统都建立了各自的政策研究室，这些政策研究室主要负责的工作有：文件起草、政策调研咨询以及交办的其他事项（马卿2015）。

相对于政策研究室，自20世纪80年代崛起的智库则更具独立性和自主性。80年代初,传统党政部门的政策研究已经不足以应对中国快速的经济改革和复杂的国际环境所造成的挑战。因此,各种智库纷纷崛起(Tanner 2002:560)。其中,从事经济学和国际关系研究的智库被认为最为关键(Abb 2014:536)。在这段时间,智库的发展相对自由,并且创新不断。智库的基本定位是协助政府开展政策研究,特别是在政府认为传统政策研究不足的领域。20世纪90年代之后,民间和附属于大学的智库逐渐出现,并且具有更多的自主性和决策影响力(麦克甘 2013:92)。2015年《关于加强中国特色新型智库建设的意见》的出台更是掀起了智库建设的高潮。到2011年,中国以政策研究为核心、以服务政府为目的的智库型机构大概有2000个(任玉岭 2011:6)。根据朱旭峰(Zhu 2013)的划分,智库可以分为半官方智库和非官方智库。半官方智库是由国家机构设立的独立法律主体,常常是挂靠国家机构的事业单位,是国家机构之外最为重要的政策研究和咨询体系。非官方智库与国家机构的联系要松散一些,常常有多种资金来源,包括大学的研究机构、企业研究机构、民间和非营利的研究机构。智库根据与政府的关系远近发挥着不同的作用,半官方智库要比非官方智库具有更大的影响力。郦菁(2016:5)曾按影响力大小将智库分为三个圈层:最核心的圈层是党政直属研究机构,部门领导可以直接列席政策会议;第二圈层是各级社科院、党校等培训系统,一般有自己独立的内参渠道;最外层的则是各地的精英大学，缺乏制度化的进言渠道。智库发挥影响的途径通常包括：向国家机构提交内部研究报告、向政府官员提议、参加政府会议、举办讲座等（Zhu 2011：672）。

综上所述，20世纪80年代以来，中国国家机构通过文凭准入、培训塑造以及智力支持等机制日益走向了理性化。但是，国家的理性化并不意味着国家能脱离社会关系对其的影响。相反，这个过程使得国家机构中的工作人员有了更多的机会接触各种理念提供者，包括那些人文社会科学领域的专家和学者。

第二节 理念网络与参与式预算改革

国家日益理性化，并不代表国家和社会更为分离，也不意味着国家工作人员是低度社会化的理性个体。政府中的个人从来都不是原子化的，他们嵌入各种社会关系和网络，了解官员所处的网络可以加深对他们行为选择的理解。比如，在国家体系内部不仅仅存在横向和纵向的正式关系，也存在着各种非正式关系（Unger 2002）。史宗翰（Shih 2008）用通识派系（generalist faction）与技术派系（technocratic faction）的互动解释了中国20世纪80年代以来通胀水平的变化。

一些科层体制之外的社会关系，也会影响政府官员。官员不仅是科层体制中的个人，他们的其他社会身份，比如所在的家庭、所属的宗族、身边的宗教等都对其行为产生影响。蔡晓莉（2006）认为，当农村干部嵌入以宗族等为基础的连带团体（solidary groups）时，由于社会规范和责任的约束，这些干部往往会给当地社会提供更多的公共产品。丹尼尔·马丁利（Mattingly 2016）同样指出了宗族血缘关系在当代政治中的重要性。但是不同于蔡晓莉的观点，他认为宗族集团领袖如果成为村领导会加强精英对农村资源的俘获，使得他们更加容易从农村征地。

除了以上提到的这些社会关系和网络，还有一种社会网络值得重视，即官员和学者互动形成的理念网络。詹姆斯·阿什利·莫里森（Morrison 2012）利用英国自由化改革的案例阐释了理念网络的作用。英国的自由化政策并非在其霸权上升期推行，而是早于1780年就开始了。但这个时候英国正处在多极世界中，充满了不确定性和危机。自由化改革是决策者和知识分子的互动造就的——亚当·斯密说服了当时的英国首相，使首相相信重商主义的政策消耗了英国的财富与权力。皮特·M.哈斯等学者（Haas 1989；Adler and Haas 1992；Haas 2016）也曾用认知共同体（Epistemic Communities）来概括那些在国际层面推动变迁的力量。认知共同体是一个网络，主要由知识分子组成，他们都是自己专业领域内的权威。

在中国，知识分子一直都是一支非常重要的社会力量，他们与政府合作，产生重要的影响。在中国传统社会里，一些知识分子没有政治权力，不解决政治问题，但他们可以发表自己的意见，制定原则，从而产生实际的影响（费孝通 2006：16）。而另外一些知识分子则在政府中任职或者在地方上与政府合作来维持社会秩序，执行国家政策以及指导民众（Culp 2007：3-4）。齐慕实（Cheek 2015：321-322，326）这样归纳：在清朝，中国的思想家和作家有的是士，即传统学者，有的是士大夫，即学者官僚。虽然传统知识分子的理想是在官府任职以为国服务，但事实是超过 90% 的士在官僚体制之外工作，大多数作为士绅非正式地协助地方政府。

20 世纪 80 年代以来，中国的学者更加职业化和国际化。他们引进西方先进知识，输出中国优秀成果，积极联通中国与世界。他们内部角色也很多元：有的直接服务于国家；有的在校园里生产高度专业化的知识产品；有的在媒体上发声，发表意见（许纪霖 2003）。此外，还有一些学者是行动家，他们通过著书立言、建言献策等方式推动政府治理的改善（Yao and Han 2015）。除此之外，一些学者还和地方官员合作，推动局部的变革。

这种合作的频率随着国家的理性化进程的推进而不断提高。随着政府官员的受教育程度和知识水平不断提升，他们拥有了和其他知识分子类似的背景，这有利于两个群体的相互理解和沟通。在这个过程中，地方官员接受了某些学者的理念，因这些理念与这些学者形成紧密的人际互动，这就形成了特定理念的理念网络。理念网络的形成是偶然的，这取决于地方官员能否接触到相关学者，是否认同他们的理念以及能否与他们形成良好互动。一般而言，专业背景类似的官员和理念提供者之间更容易形成网络。从理念网络的产生途径来说，地方主要领导在接受教育的过程中，会和教师、同学、朋友等产生联系；党校、高校培训也会为地方主要领导接触理念提供者打开新渠道；另外，地方主要领导在工作中接触到的官方智库和民间智库也有可能催生理念网络。

理念网络形成之后，会对网络中的、有现实需求的官员产生较大的改革推动作用。理念网络主要有以下几种推动机制：理念影响、提供策略，以及额外激励。首先，从理念来看，丹尼尔·本拉德和罗伯特·亨利·考克斯（Béland and Cox 2011：1，11）认为：政治并非有着明确利益和战略的个人相互竞争的过程，而是被不同理念激发的人们竞争权力和控制的过程。政治过程的变化有可能是为了应对外部环境而产生的，但更经常是由政治行为者重新审视自己的处境和位置、发展全新策略而造成的。柯林·海（Hay 2011：79）也认为重要的并非利益，而是行为者对利益的感知。对自我利益的感知犹如认知的滤镜，行为者据此来面对自己所处的环境，并评估不同行为路径的优缺点。新理念无疑会影响地方官员对自己处境和策略的界定。其次，很多改革并非是有了理念就能够马上实施的。类似于财政预算这样的改革，需要有具体的改革策略，理念网络能够通过学者和官员互动形成具体的改革策略。学者们通过与官员互动，能够制定出更符合实际、更容易落地的改革政策。官员通过和学者互动，能够获得详细的改革步骤和改革指导。最后，理念网络能够产生额外的激励。推行改革的官员通过与学者互动，获得了被邀请去参加学术活动、被写入学术论文、受到媒体关注等机会，这就获得了额外收益，并因此更加愿意推进改革。换句话说，对于较为复杂的地方治理改革，嵌入理念网络的地方政府官员，比起仅在出版物上读到相关理念介绍的地方政府官员，更有可能推动改革。

不同理念下的理念网络会导向不同的改革。其中，参与式治理理念网络会催生参与式预算改革。参与式治理的理念有多个来源：有的是来自对于西方民主制度的反思，认为民众协商并参与治理是一种更可靠的民主实现形式；有的是来自对一些国外参与式实践的借鉴，比如巴西和其他国家参与式预算的推广；有的则是来自对中国财税制度优点和缺点的本土思考。但是它们具有共同的特点，即都强调民众对于治理体系的参与。当地方主要领导在财政分配上面临潜在的困境，并嵌入了不同的参与式治理理念网络时，他们就会推动侧重点不同的参与式预算改革。

总而言之，20世纪80年代以来，通过公务员的文凭准入、培训塑造以及智力支持，中国的国家体系日益走向了理性化，国家治理能力和自主性不断提升。同时，这种理性化进程也为学者影响官员、官员接触学者打开了通道。在官员与学者的互动过程中,他们会因为认同某些理念而形成紧密的人际互动,进而形成特定的理念网络。参与式治理理念网络就是其中一种类型,强调民众对于治理体系的参与。参与式治理理念网络中的学者为官员输入了新的理念、提供了符合当地情况的改革策略,也带来了改革的额外激励。当面对财力分配困境的官员嵌入了参与式治理理念网络,他们去推行当地的参与式预算改革的概率就更高。

第二部分：案例比较 I
出现参与式预算的案例

第五章 随机选出代表：
浙江省泽国镇的参与式预算

"看了预算草案之后并经讨论，我们不认同镇上再建一所新的小学。镇里已经有泽国小学了，而且很有名，为什么不建一个泽国小学的分部呢？建一个全新的小学并不好，因为新学校没什么声誉去吸引学生和家长。我们应该集中资源建泽国小学，让它更强。"一位民众代表在镇片区预算恳谈会上举手后站了起来，大声说出了这些意见。说完，其他民众代表热烈地为其鼓起掌来。坐在主席台上的副镇长点头说："这个主意挺好。我们会记下来并加以讨论。"这是 2018 年 1 月 25 日发生在泽国镇预算民主协商会议上的一幕。① 这一天，天气寒冷，阴雨连绵，但是并不影响民众代表对 2018 年泽国镇预算草案的热议。

泽国镇位于浙江省东南部。浙江经济发达，其市场导向、民营经济蓬勃发展的发展模式被称为"浙江模式"（Huang 2008）。在地方化产权保护机制的作用下，浙东和浙南地区的

---

① 参与式观察 20180125。

民营经济发展尤为突出（章奇、刘明兴 2016）。泽国镇就位于这块区域，它隶属于私营经济高度发达的温岭市。在近些年的全国百强县排名中，温岭市经常位于三十多名。温岭市下辖五个街道和十一个镇，泽国镇是其中的第一经济大镇。从地理位置上来看，泽国镇三面环山，一面临海，人多地少，资源匮乏，当地人很早就有从事手工业的习惯。即便在 20 世纪 70 年代，泽国镇人仍然在地方政府的默许之下流至全国经商，从事卖菜、做豆腐、修理等活计（胡家勇 2008）。改革开放之后，泽国镇人以集资入股、联合经营、股份合作等形式创办企业。全国第一家股份合作制企业——温岭县牧南工艺美术厂，于 1983 年诞生于此地。除此之外，还有很多农民开办家庭作坊式的企业，前店后厂是常见模式。该地的民营经济快速发展（浙江省温岭市泽国镇志编纂委员会 2017：90）。截至 2017 年，泽国镇户籍人口 12.4 万，外来人口 13 万人，地区生产总值为 173 亿元，城镇居民人均收入 51 440 元，农民人均收入 34 826 元。①

在邀请民众来监督政府财政支出行为的众多做法中，泽国镇选择了一种随机选择民众代表来审核预算支出的方式。这个改革开始于 2005 年，虽然这些年中具体做法有所变化，但改革初期就具备的一些基本要素一直延续了下来。不仅如此，让

---

① 数据来源于温岭市人民政府网，http://www.wl.gov.cn/web/zjwl/zjdgk/201408/t20140808_124329.shtml，登录时间：2018 年 12 月 19 日。

民众代表审议预算的做法已经在整个温岭市推行。在泽国镇改革后不久，相邻乡镇也马上进行了类似改革①，让志愿参与的民众对镇的整个预算进行审核。从2008年开始，在市人大的推动下，温岭市交通、教育、城建、水利等部门和六个较大的镇也先后进行了参与式预算改革。2013年6月，温岭市已经实现所有部门、镇（街道）预算全公开和参与式预算。总而言之，泽国镇的改革不仅开始时间早，而且延续时间长，是一个值得考察的案例。

那么，泽国镇最初为何愿意将民众代表引入预算审查？为何采取随机抽样的方式来选择民众代表？为何一开始就审核基本建设项目这一预算的重要组成部分？仔细考察这个改革的缘起之后就会发现，泽国镇嵌入了参与式治理理念网络，地方主要领导受到了审议民主和协商理念的影响，学者和官员互动后产生了改革的具体方案，学者的直接参与、旁观研究和媒体关注都为当地改革注入了新的额外激励。不过，在参与式治理理念网络的背后，则是当地领导人期望合理分配和使用财政资金的结构性需求。

---

① 比如新河。新河的改革和泽国镇有着相似之处，同样是经济大镇，具有可支配财力，并受到了参与式治理理念网络的影响。也正是因为网络中理念提供者的差别，泽国镇和新河镇的具体改革模式有所差别。关于新河改革的具体过程，可以参见陈家刚、陈奕敏：《地方治理中的参与式预算——关于浙江温岭市新河镇改革的案例研究》，《公共管理学报》2007年第3期，第76—83页。

第一节　泽国镇参与式预算改革模式与特征

泽国镇在 2005 年启动预算改革。这个改革从一开始就有着比较完备的设计和程序。2005 年初，泽国镇政府成立了工作委员会，由当时温岭市宣传部副部长、宣传部干部、泽国镇党委书记与副书记组成。该工作委员会组织了一个由 12 位专业人员组成的专家组，对当时泽国镇下一年可能会投资建设的 30 个基础设施项目进行可行性论证。这 30 个项目由当地官员设计，包括修建多条道路、桥梁、卫生站和公园等。专家组汇总了对这些项目的介绍资料，其中包括针对这些项目的支持和反对信息。

接着，该镇选出了民众代表，以乒乓球摇号的随机抽样方式，按照人口超过 2000 的村每村 4 人、人口 1500—2000 的村每村 3 人、人口 1000—1500 的村每村 2 人、人口 1000 以下的村每村 1 人的原则确定民意代表分配比例，从全镇 12 多万人口中随机抽取民意代表。全镇每户人家都分到一个号码，写有哪家号码的乒乓球被抽中，哪家就可派出 1 名代表参会。①通过这种方式，全镇抽取了 275 名民意代表。为了提高这些代表的参与热情，每位参与者能获得 50 元的现金补贴。这些代表

---

① 访谈记录 20171207lyb。

中，60%是农民，24.3%的人具有高中以上文凭。①在大会前10天，即2005年3月底，这些民众代表获得了这30个项目的说明材料和项目介绍，并被要求完成一份调查各项目优先程度看法的问卷。

接下来是召开预算民主恳谈会。2005年4月9日召开会议，实到的257名代表按随机方式被分成16个小组进行讨论。讨论结束之后，每个小组再选派代表参加大会发言，对30个项目进行投票，并再填一份与上一次相同的调查问卷。会后，工作人员将两次调查问卷的数据输入计算机进行分析，得到每个项目的得分情况和30个项目从最重要到最不重要的排序。接着，镇政府召开办公会议，根据民众代表投票情况和前后两次问卷调查的预选结果，按第二次问卷调查中的得分情况排出优先顺序，将总投资约3 640万元的12个项目作为备选项目。4月30日，镇政府将民众代表选定的建设项目提交泽国镇第十四届人民代表大会第五次会议，获表决通过（朱圣明 2010）。

由此可见，这场改革在初期就设计得非常周全。而且难能可贵的是，虽然经历了领导人的更换，这场改革还在延续。2006年，泽国镇继续举行城镇建设预选项目民主恳谈会，以随

---

① 数据来自访谈过程中所得文稿：詹姆斯·S. 费希金、何包钢、罗伯特·C. 卢斯金与萧莹敏：《在不可能处的协商民主：中国的协商性民意调查》，《乡村法治秩序的实验 乡镇公共预算的公民参与》，尚未出版。

机抽样方法确定代表,同时在外来人员中随机产生12名代表,将民众代表划为16个小组,开展小组恳谈、大组恳谈和问卷调查。2007年,泽国镇进行了旧城区拆迁恳谈会。2008年,在上级人大的推动以及借鉴相邻乡镇经验的基础上,泽国镇再次举行财政预算民主恳谈会,将以往的城建预算项目扩展到整个财政预算,编制出48页的《泽国镇2008年财政预算支出测算表》,对泽国镇24 852.3万元的财政预算列出详细的预算开支清单,组织民意代表和人大代表审查预算,并对预算修正案和预算草案进行票决。此后,这种方式一直延续到2017年。到2018年初,财政预算民主恳谈会的大会不再召开,而是分片区来召开小规模会议,以缩小规模、降低组织难度和提升讨论质量,并结合了省人大要求的由人大代表决定实事工程来召开预算恳谈会议。

在这个过程中,其改革模式和方法不断得到调整和优化。比如,民意代表的人数规模和具体产生方式一直在变化。2008年,泽国镇随机抽取民意代表的单位从户转变为个人,随机在全镇人口中抽取197位民意代表,从而解决性别偏差的问题。而在此之前的随机抽签到户方式,是由每户派出到会的代表,而派出的代表常常为男性。同年,人大代表也被邀请参加预算民主恳谈会。随后,当地发现随机从全镇人口中抽取民意代表会带来一些问题。由于民意代表是随机产生的,其中不免有些人缺乏经验,有些人缺乏相应的知识储备,有些人缺乏参与的意愿，这就影响了预算草案的审议质量。2010年，泽国镇继续对民意代表产生的方式做出调整。泽国镇将民意代表划分为三类，100位仍然沿用旧有方法在全镇人口中随机抽取，另100位从往期的民意代表中随机抽取，还有100位是从当地人才库中抽取。人才库由当地企业主、教师、农业能手和与部门有工作关系的专家等组成，大约有4000人。[①]虽然泽国镇的预算改革在不断深化，但是在很多年里泽国镇预算恳谈会议的基本程序并没有发生重大的变化。它的特色很明显：一直强调随机选择民意代表，一直致力于重要预算项目的透明化和公开化，并多次使用调查问卷来探测民意的变化。

那么，为什么泽国镇要启动预算改革呢？为什么它采取这样的模式呢？最直接的原因就是当地的主要领导和市宣传部官员受审议民主、协商民主理念的吸引，与学者们产生了紧密的互动，形成了参与式治理理念网络。

第二节 理念网络：审议和协商民主

泽国镇搞参与式预算要归功于一次会议的召开。2004年11月18日至21日，浙江大学政治学与行政管理系和澳大利亚塔斯玛尼亚大学政府系举办了"协商民主理论与中国地方民主

---

① 关于混合式代表机制的讨论，可以参见谈火生：《混合式代表机制：中国基层协商的制度创新》，《浙江社会科学》2018年第12期，第35—42页。

的实践"国际学术研讨会,参与者主要有我国的浙江大学、华东师范大学、复旦大学、香港城市大学,加拿大不列颠哥伦比亚大学、澳大利亚国立大学、塔斯马尼亚大学、美国克里夫兰州立大学、加利福尼亚大学、斯坦福大学,以及中国-欧盟村务管理培训项目、浙江省民政厅基层政权和社区治理处、温岭市政府、温岭市泽国镇政府、杭州市西湖区文新街道德加社区居委会等(吴乐珍 2005)。正是这次会议对泽国镇进行预算改革产生了直接的影响。

不过,温岭市和泽国镇官员出席会议是很偶然的。对于温岭市委宣传部官员受邀,会议重要组织者之一、浙江大学的一位教授曾这样解释:"因为我是台州人,另一位组织者也和台州有渊源,我们去椒江考察党内民主,在市委党校遇到了来自温岭市的官员,所以了解了温岭市的情况。"[1]而当时的泽国镇书记受邀则更是偶然。原温岭市委宣传部一位官员说:"宣传部本来想选择另一个镇的书记出席会议,一是该镇的干部乐于接受新鲜事物,二是该镇是民主恳谈发源地,有着协商基础。但是后来我们觉得泽国镇书记是吉林大学毕业的。对于学术研讨会而言,他去更好,所以换成了他。开会期间,他对抽样调查民主恳谈较感兴趣,和一些学者晚上谈了很久。"[2]该书记也确实是参加了这一会议之后才决心推动改革的。[3]该书记坦承自

---

[1] 访谈记录 20160811lyx。
[2] 访谈记录 20171208cym。
[3] 访谈记录 20160726jzh。

己在吉林大学哲学系学习期间读完了政治思想家卢梭的所有著作，得到了启蒙。他之所以愿意参加会议以及能够和斯坦福大学的詹姆斯·S.费希金（James S. Fishkin）、新加坡国立大学的何包钢等学者有共鸣，与其教育背景和工作经历不无关系。可见，当地方官员接受了更多的教育培训，就会有更多接触理念的渠道。

詹姆斯·S.费希金是美国传播学和政治学教授，担任斯坦福大学审议民主中心的主任，他的研究重心在于论述审议民主和民主理论，代表作有《当人们说话之时》《审议日》和《民主与审议》。在他看来，西方代议制民主存在缺陷，只有政治平等和面对面审议的结合才能代表真正的民意，因此提出了审议式民意测验（deliberative polling）、审议日（deliberation day）等具体的实施办法（Fishkin 1991，2011；Ackerman and Fishkin 2004）。何包钢获得了杭州大学哲学系学士、中国人民大学哲学系硕士和澳大利亚国立大学政治学博士学位，先后在澳大利亚塔斯马尼亚大学、新加坡国立大学、澳大利亚迪肯大学、新加坡南洋理工大学任职。他著作颇丰，代表作有《中国农村民主》（He 2007）、《协商民主：理论、方法和实践》（何包钢 2008）等。他早年参与了罗尔斯《正义论》的翻译，受到自由主义较大的影响，从20世纪90年代末回到中国进行基层民主研究，主要合作对象是浙江大学和华中师范大学农村问题研究中心。而浙江2004年的这个会议，成为何包钢思想上的转折点,他对自由主义进行反思并开始推动中国的协商民主。举办这次国际学术会议,并邀请地方官员参加,正是其推动协商民主发展的举措之一。①

除了理念的输入外,学者们在和当地官员互动后也产生了具体的改革方案。泽国镇的首次改革有这些学者的直接参与和设计。如上文所说,泽国镇改革的特色包括随机抽选民众代表,以及前后两次填写问卷以反映民意经过协商的变化,这些都是詹姆斯·S.费希金审议式民意测验的具体应用。不仅如此,泽国镇在随后几年的改革,得到了学者们的持续支持和关注。比如,泽国镇2006年在继续城镇建设预选项目民主恳谈会之外,还在泽国镇的一个村推行了程序极为类似的新农村建设协商民主恳谈会,过程仍得到了何包钢等学者的指导和设计(He 2014;何包钢、王春光 2007)。再比如 2008 年,泽国镇学习邻镇经验,将对以往的城建预算项目的审核扩展为整个财政预算,对泽国镇 24 852.3 万元的财政预算列出详细的预算开支清单,并激活人大对财政预算的审核,这吸引了更多的学者和专家来观摩和指导,参与式治理理念网络不断扩大。《泽国镇 2008 年公共财政预算民主恳谈会议记录》中记录了参加民主恳谈会议的人员:178 名恳谈代表、63 名镇三级人大代表,泽国镇领导,温岭市委宣传部部长,温岭市人大、财政局领导,各镇(街道)宣传委员,以及来自国务院发展研究中

---

① 还有的推动举措是组织翻译与协商民主相关的书籍。

心、中共中央党校、复旦大学、上海市人大、浙江大学、中山大学、湖南大学、美国斯坦福大学等的专家。①

除了方案设计和改革指导,学者们对其频繁的调研、学术发表、会议推介以及诸多公开报道都让当地受到了很多关注,这些都为泽国镇发动和深化改革提供了额外的激励。截止到 2020 年,由知网收录的以"泽国""预算"两词为主题的学术论文(包括学位论文)有 120 篇,其中相关学术论文发表较多的单位有温岭市委党校、浙江大学、浙江工商大学、台州市委党校、复旦大学等。与其相关的国内会议有 9 次、国际会议有 2 次,报纸报道有 8 次,其中包括《人民日报》《学习时报》等重要报纸。不仅如此,当地一些参与改革的官员也获得了去各地介绍经验和交流的机会。②

这里值得指出的是,虽然泽国镇预算改革受到参与式治理理念网络的很大影响和塑造,但是审议民主和协商民主理念并不能直接导向参与式预算改革。何包钢坦承:"之前就听说参与式预算,但是并不是带着这个理念去温岭市改革的,相反是泽国镇自己的需要。民主协商可以有多种实现方式,不一定是预算改革这条路。"③那么,泽国镇自己的需要是什么呢?这个需要就源自地方主要领导所面临的资金分配困境。

---

① 访谈所获资料。
② 访谈记录 20171207lyb。
③ 访谈记录 20171206hbg。

第三节 财力分配中的解套

泽国镇是个经济大镇,主要的工业集群包括鞋业、空压机、铝塑材料、汽摩配件、五金机电等,还拥有鞋革商城、五金城、机床电器交易中心、水产品批发市场等10个专业市场。泽国镇的工业总产值近些年都有300多亿元。经济的快速发展给泽国镇带来了庞大的财政收入,其财政规模达到十亿以上(参见表5-1)。那么,如此富裕的乡镇的地方主要领导,会面临什么困境呢?这个困境来自对可支配财力的分配。

表5-1 泽国镇工业总产值和财政总收入

单位:亿元

年份	工业总产值	财政总收入
2011	303	10.89
2012	314	11.14
2013	350	10.4
2014	365	11.61
2015	366	12.76
2016	384	13.1
2017	399	14.1

资料来源:泽国镇财政分局、统计分局提供数据。

泽国镇大部分可支配财力来自土地相关收入,其中主要是土地转让金。泽国镇从税收增长中获得的财力非常有限;泽国镇需要上缴税收给温岭市，而其从体制分成和转移支付中所得的只是上缴中的一小部分，多年来税收贡献率居全市第一（朱圣明、徐枫 2014：52）。而泽国镇工业发达，土地价值上升很快，政府能够以较高的价格来转让商业用地。2010年泽国镇对土地出让金的支配权进一步扩大，入选浙江强镇扩权改革和小城市培育试点，因而享有了全额的基础设施配套费、土地出让金净收益，2011年还拥有国家金库泽国镇支库（朱圣明、徐枫 2014：52）。即便近些年对土地的调控较之前严格很多，但是泽国镇政府性基金规模仍较可观。

现在来仔细考察一下泽国镇在2005年预算改革之前的财政数据。当时泽国镇的财力分为三部分：一是来自预算内，二是预算外，三是上年结余。预算内财力包括预算内人员经费、体制分成收入①，以及转移支付等各种体制补助收入。事实上，预算内的资金相对较少。从表5-2可以看出，2001年至2005年，预算内财力平均只有1937.68万元，而这些年平均的预算外收入有1.4亿之多，是预算内财力的7倍多。预算内财力平均只占总财政收入的11.14%。光凭预算内财力，根本满足不了政府的日常运转和各种硬性支出。在预算外收入之中，土地出让金占了绝大部分，这五年平均比例为76.81%。其他预算外财力包括镇政府资产投资收益、计划生育社会抚养

---

① 体制分成收入包括体制结算收入（除城市维护建设税以外、镇和街道所属企业缴纳给温岭财政的各类税收收入）的超额部分以及50%的城市维护建设税返还。

费返还以及城建配套费返还。2005年土地出让金较前些年下降较多,但也占到了近70%,预算外收入仍然是预算内财力的3.8倍。因此,以土地出让金为主的预算外收入是泽国镇可支配财力的最重要组成部分,是泽国镇进行各种项目建设的重要保障。

表5-2 泽国镇可支配财力的具体分布(2001—2005年)

单位:万元

年份	预算内部分	预算外部分	上年结余	土地出让金	预算外/预算内	土地出让金/预算外
2001	2393.7	16387.2	1005.1	10521.8	684.60%	64.21%
2002	1679.5	9560.3	1957	7743	569.23%	80.99%
2003	1636.8	28570	2033.3	27121	1745.48%	94.93%
2004	1918.4	7716	10390	5760	402.21%	74.65%
2005	2060	7880	1503.8	5459	382.52%	69.28%
平均值	1937.68	14022.7	3377.84	11320.96	723.69%	80.73%

来源:土地出让金数据来自阮法根:《泽国镇志》,中华书局2012年版,第420页。其余数据来自胡家勇等:《浙江省温岭市泽国镇经济社会调研报告》,中国社会科学出版社2008年版,第176页。

这丰裕的可支配财力应该如何进行分配呢?首先看一下泽国镇政府的组织架构。镇政府下辖15个办公室:党政办公室、环境综合整治委员会、财政分局、综合治理办公室、农业与新农村办公室、五水共治办公室、镇村规划建设办公室、党群办公室、经济发展办公室、安全生产监督管理办公室、第三产业办公室、计划生育办公室、重点工程建设(招商办公室)、统计分局、行政服务中心。这些政府部门的预算经费都是由镇财力来支付。①它们分别有着不同的主管领导（参见表5-3）。其中项目经费较多的办公室是农业与新农村办公室、五水共治办公室、镇村规划建设办公室、重点工程建设（招商办公室）。除了政府部门外，还有党的各部门、人大、法院和检察院等部门。

泽国镇不仅部门众多，下辖区域也很多。2001年，牧屿、联树二镇合并入泽国镇。2012年至2018年间，泽国镇下设五个管理区，辖97个村（居）。②管理区由管理区党工委和若干主任、副主任负责管理，他们属中层领导。村既由五个管理区来管理，又由镇领导班子分别联系管理区管理。

表5-3 泽国镇政府机构的分管情况

政府机构	分管领导
党政办公室	镇党委副书记（组织）
环境综合整治委员会	镇党委副书记（组织）
财政分局	镇长
综合治理办公室	镇党委副书记（政法）
农业与新农村办公室	农业副镇长
五水共治办公室	农业副镇长
镇村规划建设办公室	城镇副镇长
党群办公室	镇党委副书记（组织）

① 在泽国镇办公但预算归属上级的有：派出所、市场监督管理分局、国土分局、规划分局、执法分局、司法所、供电所。
② 经2018年行政村合并，目前泽国镇下辖4个社区57个村。

（续表）

政府机构	分管领导
经济发展办公室	工业副镇长
安全生产监督管理办公室	工业副镇长
第三产业办公室	三产副镇长
计划生育办公室	文教卫副镇长
重点工程建设（招商办公室）	常务副镇长
统计分局	工业副镇长
行政服务中心	常务副镇长

来源：根据访谈资料整理。

这就意味着可支配财力需要在不同部门间进行合理分配：不仅需要在不同政府机构之间进行分配，还需要在不同辖区间合理配置。比如，镇政府要选择项目建设，那究竟是选择修路还是修农村水利？这就是不同机构之间的经费配置。选择修路之后，这条路修在哪里，从何地开始又在何地结束，何地更为受益，就是不同区域之间的博弈。在20世纪末财权不断集中的情况下，这些都是任何地方主要领导需要仔细琢磨的问题和有待解决的压力。

2002年，泽国镇新来了一位书记。他是温岭市人，1987年参加工作，任泽国镇党委书记前曾在台州市卫生学校、台州市总工会任过职，还担任过温岭市温峤镇党委书记。多年的工作经验告诉他，做基层工作要与群众沟通，但是如何更好地沟通是一个问题。他在泽国镇任职时，正好处在泽国镇可支配财力增长迅速，同时财权逐步集中这样一个阶段。2005年，他面临的一个现实问题是，该地申报的城建项目很多，需要的资金超过了可用资金。虽然城建项目并不涉及机构之间的分配，但却涉及区域之间的分配。如何有效地去分配这些资金呢？该书记在回忆改革的初衷和条件时这么说：

> 2005年，我遇到了难题，城建项目报的多，可用资金只有4000多万元。所以这个改革对于我们来说，出自解决实际问题的需要。以前解决这个问题的常用方法是政府领导和城建领导提建议，由书记定夺。而我们相信，民主恳谈能够提高决策质量。
>
> 我们的支出有三块：刚性支出，比如农村低保户、事业人员和办公等支出；上级政府规定的，今年就有五水共治、三改一拆的支出等；剩下的就是多余的财政资金，可以用来做参与式预算。对于这些改革，富裕的镇才能做起来。如果是一个贫穷的镇，这种改革就没有什么意义。①

该书记的说法也得到了多位亲自参与改革者的验证。温岭财经委主任提道："泽国镇搞预算改革，政府内部各块都要项目，资金需求超过本身财力，所以泽国镇采用了恳谈方式。"② 浙江大学参与改革的教授对此这样评价："当时该书记也常常被人问，项目为什么投这里，不投那里，你是不是收了好处？这个村找他，那个工程队找他，这个书记不胜其烦，所

---

① 访谈记录20160726jzh。
② 访谈记录20160728hpg。

以做这个事情也是解套了。"①其实,对于如何分配地方可支配财力这一问题,每一个地方主要领导都会遇到类似的压力。对于泽国镇这样已经有了改革基础的地方,后续的党政领导也愿意将这个改革坚持下去,除却上级人大的推动以及已经形成的政治名片效应之外,也因为这些预算改革为新领导提供了治理的工具,正如后来泽国镇的一位党政领导说的那样:

> 我们乡镇以前财政支出比较随意,十多年前下面办公室要钱,先找分管镇长签字,再找镇长一签,资金就支出了。中国是人情社会,这个分管领导争取资金,那个分管领导争取资金,很难处理。搞了预算改革之后,财政部门可以说预算已经定了。再比如我分管的部门会对我说,做这个事情非常辛苦,多给点补贴,以前是很难拒绝的。有了改革之后,现在就很好应对了。还有一些因人情世故难以拒绝的,那么也依靠大会来砍掉……民主恳谈,沟通了政府和群众,让群众知道政府工作的难处,两者并非对立,另外也可以让代表和代表博弈,非城区和城区博弈。②

同时,参与式预算并不会消减地方政府的权力。一位长期在泽国镇工作、属于泽国镇领导班子的成员这样说:"主要领导已经形成决议的,就没有讨论的必要了。就是那些可做可不

---

① 访谈记录20160811lyx。
② 访谈记录20180125cx。

做的，意见不定的，才会去讨论。"①这也得到了一位地方主要领导的肯定：

> 这个改革，肯定还是要继续做下去的。做起来，有着很多好处。我们需要各方提供一点信息。比如有的部门说50万元财政资金是不够的，他会做各种计算。但是施行参与式预算后，你就知道各种信息了。还有就是区域之间的，一个地方投了一个项目，这就意味着其他地方被砍了一些项目，这就有矛盾。比如镇中心区就是要建设，要把人吸引过来，但是其他一些地区的代表会有意见。我觉得听一下各方的意见是有道理的。但是你得明白，最终还是党委负责。②

由此可见，对于地方主要领导而言，参与式预算是一个有效的工具，能够促进财政资金的合理分配和有效使用，也能理顺和缓和他们与各预算部门之间的关系。这些是该改革能够产生和延续下来的一个重要原因。

总而言之，泽国镇的改革受到了参与式治理理念网络的极大影响。由于党校培训和高校会议这些契机，泽国镇当地的主要领导和温岭市宣传部的官员与学者们形成了紧密的互动，审议民主和协商民主这些理念在地方官员中得到扩散。地方官员

---

① 访谈记录20171207lyb。
② 访谈记录20171208ymz。

在学者的帮助下实施了预算改革,随机选择代表、请代表两次填写问卷、让民意代表与官员进行对话就是反映审议民主和协商民主理念的关键要素。此外,学者们对该地改革的研究和论文发表,媒体的频繁报道,都为改革注入了额外的激励。但是只看到理念网络的推动作用,这是不全面的。地方官员之所以愿意大费周折去推动改革,最终目的还是解决实际面临的困难,即如何使可支配财力的分配和使用更加合理化。参与式预算能够提供给地方政府及相关负责领导一个有力的工具,缓解部门竞争财力的压力,规制各部门支出行为,合理化公共资金使用,以及最终实现地方主要官员的治理目标。这个逻辑在其他案例中也能得到体现。

第六章　激活人大代表：
上海市闵行区的参与式预算

2009年12月10日上午，上海市闵行区委党校内正在举办一场"闵行区公众参与区级财政预算讨论"的听证会，该场的主题是"劳动关系和谐企业创建专项"。闵行区人力资源和社会保障局期望通过设立5000万元专项资金对那些符合"劳动关系和谐企业"十项条件的企业进行经济奖励。结果，这一专项受到了不少听证人的质疑。其中，闵行区一位人大代表就认为，企业遵守劳动关系相关法律应该是自觉行为，不能用奖励来诱导，奖项设立的标准只是守法标准，这个奖实质上为守法企业奖。对有意创建和谐劳动关系的企业来说，政府用经济奖励的方法并不妥当。经过热烈讨论后，人保局表示可以结合大家意见再做研究（史雪莲2010：124-126）。最后，在多方压力之下，5000万元资金的项目在听证会后人代会审议前主动取消了（王逸帅2017：76）。

闵行区位于上海中西部，面积372.56平方千米，现辖9个镇、4个街道、1个市级工业区。它的经济实力非常雄厚，截至2017年，该区地区生产总值达到2150亿元，财政总收入达到783.08亿元，区级地方收入278.71亿元，全区常住人口为253.43万人，其中外来常住人口为124.59万人，全年居民人均可支配收入60736元。①从2007年开始，闵行区从编制细致、民众能看懂的预算报表开始，进行了一系列的预算改革，其中一个特色举措是举办以人大为主体，同时对社会代表开放的听证会，对政府预算进行审查和监督。这些改革一直延续至今，并下延至乡镇。目前，上海市闵行区人大根据"代表主体和专家支撑相结合"原则，通过人大代表以及人大邀请的专家代表对政府预算进行了全面的监督和追踪，具体包括针对预算金额较大、新增、预算金额变化较大、社会关注多或重大项目等进行事先的绩效评估，针对部分即将完成的、资金规模大、社会关注度高的项目进行事后的绩效评价，以及人大代表分成专门小组分别参与对19个重点部门全年部门预算执行监督的工作。②同时，闵行区人大也将自己的做法制度化，颁布了一系列与之相关的方法和规定，比如《闵行区人民代表大会常务委员会听证办法》《闵行区人大常委会关于开展部门预算执行监督的暂行办法》《闵行区人民代表大会常务委员会预算初步审查工作方法》等。虽然闵行后期的改革更多的是完成上级人大的要求，但是其前期自我探索的做法仍然保留在了闵行区人大

---

① 以上来自访谈中所得资料；《2017年上海市闵行区国民经济和社会发展统计公报》。
② 以上来自访谈中所得资料；《人大代表深入参加预算管理的跟踪机制》。

的预算监督做法之中。与浙江泽国镇相比，其改革特点在于一开始就激活人大，将人大代表和其他公众代表的参与引入政府预算编制的审核过程。

那么，为什么闵行区会启动以人大为主体的参与式预算改革？仔细考察闵行区预算改革的初始阶段可以发现，该改革同样是参与式治理理念网络和地方可支配财力相叠加的一个结果。网络中非常重要的理念就是强化人大预算监督和绩效预算，网络中的学者为闵行区制定了全套的改革方略和方法，而闵行区初期的改革就遵循了这些步骤和理念。另外，这个改革的背后也有一个经济发达地区合理分配财力的客观需要，财政部门需要人大作为同盟和后盾。

第一节　闵行区参与式预算改革模式与特征

上海市闵行区的预算改革开始于2007年，是一个逐步推进的过程。围绕着人大监督的展开，闵行区有两个维度的创新。第一个维度的创新针对人民代表大会上人民代表对预算的审核。原来人大代表只能看到一张纸的年度财政收支报表，但是从2008年初的人代会开始，代表们拿到的就是更为详细的报表，达300页之多（王炜、朱琦2008：31）。这个做法在后续几年持续优化，报表更加简明易懂，最后形成了一套总预算表、部门预算表、项目明细表的三级报表制度。比如其中的

《2011年财政预算总预算表》就包括区收支平衡表、收入总表、收入分类结构图（按产业和企业类型分）、重点园区财政收入增幅图、三个法定增长预算安排表、其他支出安排表、预算功能分类概表、社保经费预算安排表，还有部门预算情况的汇总表和概览表，图文并茂，翔实可读。① 不仅如此，在2008年初，人大代表只能在会上得到详细报表，但是到2010年，在人代会开始两周前，相关报表就送至人大代表，让他们有更多时间去审阅（顾宏平2011：33）。目前，人大代表已经可以通过登录人大预算联网监督系统，随时随地查看预算编制和执行情况。另外一个变化是，人大代表对预算的审议变得更加充分。在2008年之前，人大代表对预算审议是书面审议，2008年初的人代会上恢复了政府向人大代表口头做预算报告的做法（王炜、朱琦2008：31）。当年12月闵行区人大常委会还通过了《闵行区人民代表大会关于预算草案修正案的试行办法》。2012年初的人代会上出现了当地第一个预算修正案。当时，33名人大代表共同提交修正案，要求削减5%当年区党政机关会议、课题、调研、评估、咨询、培训六项费用，并向民生工程倾斜（高亮亮2012）。

闵行区参与式预算改革的创新主要体现在第二个维度，即扩展人大代表及公众代表参与预算审核的环节。从2007年开始，区人大代表开始介入预算编制的审核（预算前评），后又

---

① 以上资料由访谈对象提供。

陆续介入了对预算执行过程的监督和评价（预算中评和后评）。从2008年开始，整个评价工作以绩效预算来统合。其中，采取听证会形式的预算前评工作是闵行创新的特色，受到了较多关注。听证会的雏形出现在2007年11月，当时由区人大财经工委和区财政局召开，主要做法是邀请部分人大代表听取区教育局、区科委、区财政局的预算编制情况汇报。2008年开始，听证会向公共听证会迈进。第一步是2008年8月，闵行区人民政府网站和《新民晚报》对9个政府部门的民生项目预算进行了公示。第二步是2008年12月，人大对其中两个项目即养老床位财政补贴和农村养老金保险项目举办听证会，接受人大代表和社会公众报名（周梅燕2010：55-56）。不过当年只有1人报名参加听证会。2009年，闵行区的听证会更加完善，主要模式基本成型。

2009年，闵行区首先在网上公示了500万元以上的45个预算项目。对2000万元以上的项目，财政局组织相关专家和人大代表进行预评估，主要评价标准有四个方面，即项目的定位（30%）、计划（30%）、管理（10%）和结果（30%），每个方面又分化出若干小指标。评价根据得分给予不同的评级：有效（85—100分）、基本有效（70—84分）、一般（50—69分）、无效（0—49分）（汤坤2013：95）。该评价框架被称为PART框架。评级为有效的项目可直接纳入预算，基本有效的项目继续完善，一般的项目要接受人大的进一步论证，无效的项目撤回（王逸帅 2017：76）。当年，区人大常委会选择了农业规模经营补贴、劳动关系和谐企业创建、公交补贴、社保补贴券发放和教学设备添置更新五个在预评中较有争议的预算项目进行听证，涉及财政资金1.9亿元（吴慧芳、周行君2014）。

2009年11月24日，闵行区第四届人大常委会办公室发布了《关于举行2010年部分财政预算项目初审听证会的公告》。公告通知了听证会的时间、地点、听证事项。公告明确了闵行区人大常委会组成人员为听证人员，也告知了听证会陈述人（可对听证事项发表意见）和旁听人的产生办法与相应条件。听证会采取自愿报名与邀请参加的方式。每个项目的听证会从该区人大代表和社会公众中各确定不多于6名的陈述人和不多于20名的旁听人，只要是该区人大代表或年满18周岁的在闵行区居住或工作的公民均可报名。同时，听证会也邀请一些专家参与。

2009年12月9日上午9：00—11：30，闵行区第一场听证会召开，听证项目为"农业规模经营补贴"。主持人是时任区人大常委会委员、财政经济工委主任，项目陈述人是时任闵行农业农村委主任和区财政局副局长。人大代表陈述人3人，都是各村党支部书记；社会公众陈述人5人，来自镇农村综合管理事务中心和粮食专业合作社等单位；专家陈述人4人，分别来自复旦大学、上海市人大以及区审计局等单位。①除此之外,还有部分人大代表和社会公众,区政府办公室、区审计局工作人员旁听此次听证会。主要的程序是农业农村委主任和财政部门分别做项目介绍,接着各陈述人每人进行 5 分钟陈述,然后由听证人询问,最后是辩论环节。在听证会上产生的这些意见在听证会结束 10 日内形成常委会初审意见提交给政府。而其他 4 场听证会也在 12 月 9 日下午至 11 日按照类似的程序召开(史雪莲 2010:116-120)。当年参与听证会的人大代表和社会公众超过 230 人次,听证报告通过人大和政府网站公开,也产生了显著的效果,其中一个项目被取消,一个项目进行调整,其余项目进行优化(陈统奎 2011:56)。

2009 年之后,听证会形式在此基础上不断完善,听证项目的类型和资金规模不断扩展,并且听证活动一直延续至今。目前,听证项目的选择有比较完善的流程。自 2010 年起,各主管部门成立绩效预算小组,根据 PART 评价框架自行评价 500 万资金规模以上的民生项目,并进行公示(周梅燕 2010:56)。公众可以留言发表意见。然后,区财政局选择一些资金量大的项目邀请人大预算工委和一些专家进行区级评审。最后,人大常委会从中选择一些涉及预算资金规模较大、各方对项目安排合理性存在一定争议、绩效评价或政策评估得分不高、群众关注度高以及新增的预算项目举办听证会。而对于来

---

① 以上来自访谈中所得资料:《预算听证会出席人名单》。

自人大和社会的公众陈述人，除了自主报名之外，后续又增加了从公众库中选择、各代表大组推荐等方式。专家陈述人的邀请也更制度化，由财经工委和各相关工委邀请对口领域专家。①

简单回顾闵行区早期的改革历程，可以看出闵行区的预算改革是从人大着手的，让人大代表和社会公众代表参与预算项目审核过程，其中又贯穿了绩效预算改革的元素。人大是政府预算审查的主体；人大参与，并邀请民众参与的预算前评和听证会是从改革一开始就有的特色。那么为什么闵行区的预算改革呈现出这样的特征？这与当地嵌入的参与式治理理念网络有着密切的关系。

第二节 理念网络：激活人大监督

和浙江泽国镇一样，推动闵行区改革的也是地方主要领导，即当时的区委书记，他有着良好的教育背景和丰富的人大工作经历。该区委书记是华东政法大学法律系宪法专业研究生，法学博士，具有教授职称，并去过多所国外大学进行访学交流。从1998年至2003年，他一直在上海市人大工作，之后在下辖区工作，从2006年开始担任闵行区委书记。他在成为

---

① 以上来自访谈中所得资料：闵行区人民代表大会常务委员会编：《预算审查监督制度汇编》，2018年，第52—53页。

政府工作人员之前，在学术期刊上发表过多篇学术论文，主题涵盖了人大制度、立法程序等。这样的背景无疑使得他有着很多途径和机会认识各领域的学者。其中一位与他熟识的学者就是曾任中国政法大学宪政研究所所长的蔡定剑教授。和这位书记从学到仕的经历正相反，蔡定剑是由仕转学。

蔡定剑于1986—2003年供职于全国人大常委会研究室，有着长达18年的人大工作历程。他在全国人大常委会研究室的工作经历，一方面使得他的关注点在于宪政，一方面也使得他不满足于空谈，想去指导实践（曾东萍2010）。2004年他转入中国政法大学法学院工作，担任宪政研究所主任。他有着丰富的国际交流经历，先后访问了美国哥伦比亚大学、耶鲁大学、哈佛大学，新加坡国立大学，瑞典隆德大学和法国巴黎政治学院等（李蒙2011），并著有多本相关领域的学术著作。

蔡定剑在多篇文章和多次访谈中都呼吁加强人大预算监督和公众参与。在蔡定剑看来，预算首先需要做到公开和细化。一个部门拥有太多资金的分配权，如果不公开不细化，容易滋生腐败。如果预算得以细化，并由人大来批准，那么腐败空间就会缩小（刘星红等2011：217）。在他看来，批准审查预算是人民代表大会最重要的职能，预算审查能让人代会变"实"。他介绍了西方国家的一些经验：议会的专门委员会会对政府预算的使用情况进行评估，并作为来年政府获得预算和议会对其拨款的根据。另外，在这个过程中，国外常以预算听证方式让民众参与，尤其在议会专门委员会审议预算时，公众可以参加听证，以此影响一些项目的资金分配，从而保证民主理财（蔡定剑 2011：64-65）。在蔡定剑看来，决策者与受决策影响的利益相关人能够沟通和交流，这是提高政府善治能力的基础（蔡定剑 2011：72-73）。对于中国的预算改革，蔡定剑有着明确而详尽的政策建议，具体有三个：首先是编制一套让人大代表和公众都能看得懂、每笔资金都有清楚的安排的预算编制表。其次是建立一套以人大批准审查预算为基础的、有公众参与的民主审查制度，对重要的预算项目进行论证和公开听证，应该有讨论和辩论。人大代表有提出修正的权利。最后是加强对预算执行的监督，建立对部门预算的绩效评估制度，实现预算公开和全民监督（蔡定剑 2010：13）。

  蔡定剑和时任闵行区委书记关于夯实人大对政府财政监督的理念产生了共鸣。基于此，蔡定剑邀请了中国财政科学研究院参与到此次预算改革的活动中。中国财政科学研究院（简称财科院）是一家国家高端智库建设试点单位。其主要定位是：开展财经理论和政策研究，为国家决策和国家治理建言献策，为财政政策提供智力支撑。该所和中国政法大学宪政研究所各派出三位专家，组成了公共预算改革研究小组，和闵行区委共同推进改革。财科院的专家提供了关于结果导向的绩效预算编制的案例和具体做法（周梅燕 2011：142）。参与式治理理念网络就此形成。除了这两家机构外，还有耶鲁大学中国法

律研究中心参与其中,起辅助作用。对于网络的形成过程以及各个机构的角色分配,该小组中一位核心成员如此介绍:

> 蔡定剑老师是搞人大研究的,认为人大应该发挥功能。上海的改革是从2006年筹划,2007年开始运作的。选择上海闵行,是因为蔡老师和当时的闵行区委书记比较熟悉,当然该书记当年也想推进这方面的变革,所以双方展开合作。蔡老师选择了财科院一起改革,一方面是因为他们在财政事务方面更有专业性,另一方面财科院是财政系统的,也有权威性。改革会给财政局带来额外的工作量,但是有上下级的关系在,所以上海财政局愿意配合。而耶鲁大学中国法律研究中心是资助单位,开会之类的费用都需要资金支持。该中心并不参加我们的活动,不过有时候在召开一些会议时会帮忙联系和邀请国外学者。①

该小组不仅输入了理念,他们中的部分成员还多次到闵行,召开数次项目工作会议、座谈会,参加听证会,以及进行现场指导等,和闵行官员互动后为闵行的预算改革设计了全套的改革方案,并逐年提供了改进财政改革方案的详细建议(参见表6-1)。从闵行的改革实践来看,其改革基本上遵循了这些政策方案和建议。当然,和泽国镇的改革一样,随着改革的推进,这个过程也有其他大学机构和学者的参与,比如当时的

---

① 访谈记录20160516lxn。

复旦大学绩效评价中心与闵行合作引入 PART 评级工具对部门预算进行预算评估等。

除了提供理念和方案，当地也通过这张网络积极联系媒体，推动其对当地改革进行了大量的报道。根据知网统计，从 2007 年至 2011 年，各地报纸对闵行预算改革报道了 28 次之多。不算图书，仅是学者们撰写的有关闵行财政预算改革的学术论文，截至 2020 年就有 140 多篇。这种高频的曝光，无疑为当地改革提供了持续的刺激。除此之外，当地也组织学术会议，邀请参与闵行区预算改革的重要人士参会，比如 2008 年 6 月 21 日在北京召开的"公共预算改革：预算编制和绩效评估研讨会"，在该会上发言的闵行参与者就有两位副区长、区人大常委会主任、区人大财经工委主任、区财政局局长和副局长、财政局局长助理等。在会上，他们与国外同行、中外学者互相交流。这无疑又是理念网络带来的一种额外激励。

表 6-1　闵行区历年的改革方案和建议（2007—2011 年）

起草时间	方案与建议	主要建议
2007 年 6 月	公共预算审查监督制度改革方案	编制详细预算；建立以人大审查为基础、有公众参与的民主预算；建立绩效预算评估体系、加强预算执行监督
2008 年 4 月	闵行 2008 年公共预算改革建议	实行以结果为导向的预算编制；建立人大和财政部门互联监督系统；扩大预算监督对象和主体范围；培训代表；优化报表
2009 年 4 月	闵行 2009 年公共预算改革建议	深化和优化前期改革；推行乡镇预算改革；建立改革制度机制

(续表)

起草时间	方案与建议	主要建议
2010年4月	闵行2010年公共预算改革建议	深化和优化前期改革；加大乡镇改革力度；优化改革需要的保障条件，包括增加工作人员、将预算绩效评估纳入政府考核体系、加强培训、预算改革成果制度化、发放预算指南

资料来源：刘小楠：《追问政府的钱袋子：中国公共预算改革的理论与实践》，社会科学文献出版社2011年版，第93—103页。

注：闵行区也在其下辖乡镇如七宝镇推行了类似的改革。

总而言之，从理念网络中学者提供的改革理念、方案设计以及闵行的实际改革过程来看，三者是高度匹配的。当地改革的特点是以人大为预算编制参与主体，这是因为参与式治理理念网络中流动的就是激活人大的理念。不过，和浙江泽国镇一样，光有参与式治理理念网络存在是不够的，闵行区之所以能够顺利推行改革，与其本身拥有庞大的可支配财力有着重要的关系。

第三节　财力分配中的借力

多年来，闵行区经济增长迅速，财力充沛，从财政收支指标来看稳居上海各区县发展的第二名。从表6-2中可以看到，在启动改革的前几年区财政收入就已经有百亿规模。财力如此庞大，是不是意味着可以满足所有部门的财力需求，当地并不存在部门争取资金的状况呢？事实并非如此。一个地方财力越雄厚，矛盾也越多。

表 6-2 闵行区地区生产总值与区级财政收入（2007—2011 年）

单位：亿元

年份	地区生产总值	区级财政收入
2007	974.13	85.66
2008	1120.4	96.53
2009	1236.35	110.35
2010	1364.37	125.3
2011	1483.08	139.07

资料来源：《上海市闵行区国民经济和社会发展统计公报》（2007—2011 年）。

闵行区地域广阔，各辖区对财政投入需求都比较高。当时推动改革的一位学者注意到，闵行地处上海市的城乡接合部，虽然财政收支规模扩大很快，但公众对公共产品和公共服务的需求亦在急剧增长，当地预算资金供求矛盾明显（陈穗红 2011：2）。而闵行区面临的最大问题还是区级的预算部门非常之多。以 2011 年为例，区级一共有 70 个主管预算的部门。其中区委所属部门有区委办公室、纪检委、组织部等共 17 个部门，政府所属部门有市政府办公室、发改委、科委等共 49 个部门。除此之外，还有人大常委会办公室、政协办公室、法院和检察院 4 家单位。闵行财力雄厚是事实，但是要分享这些财力的部门也非常之多，而且每个部门都希望多获得一些资金支持。一位财政局的领导介绍：

每个部门都想出政绩，怎么出政绩？一般而言，有了财力的保障工作就容易出彩。比如市里想搞个活动，每条路上要绿化装饰，相关部门多要点钱，就可以装饰得更漂亮，上级领导过来看了就会满意，民众也喜闻乐见。这是非常自然的。还有，部门做项目，有着各种供货商，而市场价格是什么，我们并不知道，这样他们做出来的报价就会偏高。①

当时另一位改革的亲历者也从侧面注意到了当地部门存在抢财政配额的情况。2008年，区里公安交通管理部门规划了一个拟花费600万元的安装监控设备的预算项目，但是在项目预评估和人大论证阶段都没有通过。这位学者注意到，这件事让"在场的其他政府部门觉得抢预算、抢钱的情况不能再有了。一旦抢了，拿到手里以后可能是个烫手的山芋，所以这些部门就很慎重了"（李凡 2014：181）。部门争抢预算，使得财政部门以及背后的地方主要领导非常难办，而参与式预算能够减轻他们的压力：

财政部门容易得罪其他部门和一些分管区长。财政部门夹在中间，分管领导对财政部门不满，其他部门对财政部门不满。但是如果项目出问题，财政就是第二责任部门。借着专家、人大代表和其他代表，我们就可以减轻一

---

① 访谈记录20210702ym。

些压力。①

正是因为这种需求，人大代表、专家代表参加的预算前评以及听证会，必须要能对政府的预算切实地产生影响。据参与过当地听证会的学者王逸帅（2020：115）访谈后统计，2008年至2015年，区人大对政府预算项目产生影响的代表性案例就有7个，被砍掉资金最多的是区公安局2008年7700多万元的智能化信号灯项目，最少的是区文化局2012年115万元的建区二十周年大型文艺演出。或许有人会说，这还是在作秀，区级层面的政府每年项目是非常多的，但是每年前评和听证会取消的项目也就几个。其实这种效应不只是体现在项目提出后被取消或者削减预算，更在于一种提前的震慑。人大预算工委的一位领导指出：

> 光是听证会这个形式，也会让部门不敢多要资金。比如A部门以前都是让部门内部的财务科汇总各个分部门的经费，然后让区里的财政部门砍掉一小部分经费。现在有了听证会之后，他们自己内部先开会，新项目是什么，依据是什么，这样内部就砍了很多。毕竟到了听证会，虽然体制内的代表不太好意思提意见，但是体制外的代表比较放得开，专家也比较尖锐。②

---

① 访谈记录20210702ym。
② 访谈记录20210702dzr。

那么，这种改革形式对于那些地方主要领导有共识的、当地确实需要的项目有没有负面影响呢？当地财政部门一位领导表示，不会有负面影响。①区人大某工委的一位负责人也提出，人大对政府的监督是合作型监督，这是双方借力的一个过程。②这和泽国镇的改革逻辑是一样的。简而言之，参与式预算的目的不是削减地方主要领导的权力，而是给财政部门和地方主要领导一个工具去规制各预算部门、合理化资金分配、提高资金使用效益和效率。

总而言之，上海闵行区的参与式预算开始于2007年，并逐步完善，一直延续至今。其特色就是以人大代表为参与主体，一个重要的制度载体就是向人大代表、公众代表和学者专家开放的，共同审议有争议预算项目的听证会。考察改革源头可以看到，当时的闵行区委书记与大学智库、官方智库形成了参与式治理理念网络，他们都认同和希望加强人大对政府的预算监督，闵行区的预算改革就是按照网络中的理念和学者设计的改革方案逐步推进的。不过，这个预算改革并非仅仅为了改革而改革，背后同样有缓解可支配财力分配困境的客观需求。这个逻辑在北京街道的改革中再次得到了体现。

---

① 访谈记录 20210702ym。
② 访谈记录 20210704ryf。

第七章　邀请区域代表：
北京市麦子店的参与式预算

2012年3月20日下午两点，北京麦子店街道办事处二楼的会议室召开了一场会议。在会上，时任麦子店街道办事处的主任说道："我们将收集起来的362条建议，按照同类项合并以及不重复统计的方法，梳理出84条，并初步归纳为4类18项。下面，我们进入建议案的协商程序。"这时，一位社区代表首先发言："我要反映的这个问题出现几年了。西区北里1至4号楼，现在使用的电线还是原来建造这个楼时的临时电线，好多线已经裸露了，外层剥落，很危险。……能不能请各位领导看一下，把这个事情给解决了。"接下来其他社区代表开始发言。[①]这个会议叫作建议案初选协商会，主要目的是请社区代表发言、讨论并投票，以决定街道当年应该做哪些项目。

麦子店街道位于北京市朝阳区中东部。截至2017年，朝阳区常住人口为373.9万人，地区生产总值5629.4亿元，一般公共预算收入为508.2亿元，当年居民人均可支配收入达到

---

① 以上来自访谈中所得资料：《2012年麦子店街道问政手册》。

64 841元。①朝阳区是北京城市功能拓展区，是北京面积最大、人口最多、国际化特征最明显的城区，下辖43个街乡，446个社区。②其中，麦子店街道成立于1992年，下辖五个社区。其常住居民5万人，其中外籍居民占社区常住人口总数的20%以上（刘小宁 2014：43）。2010年底，朝阳区麦子店街道党工委从财政角度切入，试图改变已有的项目决策模式。2011年，麦子店街道正式邀请社区代表讨论和决定民生相关的财政支出项目。随着麦子店街道办事处主任于2013年去朝阳区双井街道工作，这套让居民参与治理、选择财政支出项目的治理模式也被移植到了双井街道，并得到了进一步的细化和优化。同一年，朝阳区肯定了这套"政府和民众共同决策"的共商共治治理模式，期望在全区推广，因此区委制定了《关于开展党政群共商共治工程的方案》和《街道系统党政群共商共治工程操作手册》。2014年5月，区委区政府联合颁发《关于统筹推进党政群共商共治工作的指导意见（试行）》，明确了党政群共商共治工作的基本原则、职责划分、工作内容和程序等，要求各街乡、社区（村）都设立本级党政群共商共治工作议事协商平台。2016年，朝阳区还制定了《朝阳区"十三五"时期社会

---

① 以上来自访谈中所得资料：《北京市朝阳区2017年国民经济和社会发展统计公报》。

② 以上来自访谈中所得资料：全国城乡社区治理推进会暨社区工作委员会2017年常务委员单位会议中的朝阳区材料《深化党政群共商共治 探索社区治理新模式》。

治理规划》，提出要深化党政群共商共治工程，进一步提高党政群共商共治规范化水平，并将共商共治覆盖范围扩展至小区楼院（佚名 2021-01-14）。

总而言之，和浙江泽国镇一样，北京朝阳区麦子店等街道的预算改革不仅开始时间较早，而且获得了上级政府的肯定和推广，同样是一个值得考察的案例。那么，麦子店等街道最初为何愿意将区域性民众代表引入部分财政资金的分配过程？仔细考察这个改革的缘起之后就会发现，麦子店改革受到了巴西参与式预算改革理念的影响，两地的改革实践有着非常类似的地方。可以说，巴西参与式预算改革的模式和理念很大程度上影响了麦子店预算改革的具体方式。不过，地方主要领导人在接触到理念之前就有了改革的诉求，这种诉求同样来自合理分配和有效使用财政资金的需要。

第一节 麦子店参与式预算改革的模式与特征

麦子店的参与式预算改革并非一蹴而就，而是有一个演进的过程。早在 2010 年 10 月，麦子店街道已经开始就"办实事工程"咨询民意，2011 年正式启动。首先，麦子店通过多种渠道征集民意：一是通过街道的社区报、网络发调查问卷；二是通过社区召开居民代表会和社区党委召开社区党代表会，统一发放调查问卷、调查表。经过一个半月到两个月时间的信息征集，收集上来的这些建议案由街道归类合并，形成初选意见。然后，街道组织初选协商会，邀请各社区议政代表结合各社区的实际和居民反映情况，对初选意见发表意见。预算改革在人们的探索中不断深化。在2012年底的时候，麦子店街道拿出财政资金的一部分由居民自己决定其用途。2013年，麦子店的参与式预算改革已然成形。

2013年3月初，麦子店街道办事处进行讨论，决定拿出200万元设立"麦子店社区民政建设资金项目"。首先，麦子店要求下辖的每个社区提出三个项目，提交的项目报告书由街道办事处的职能部门进行可行性审查，以确保项目通过后能顺利完工。如果项目报告书没有通过审核，该社区需要修改报告书或者提出新的项目。这些社区的项目是相互竞争的。

其次是确定街道居民议事会代表。议事代表要求为年满18周岁、拥护党的领导、遵纪守法的公民；必须是有能力为公共事务代言、热心本地事务的公民；必须是经过社区党委、社区居委会联名推荐的代表。具体而言，居民代表可以分为三部分。第一部分是社区居民代表。麦子店街道下辖5个社区，每个社区选5名代表，一共有25名代表。这些居民代表是选举产生的，往往是那些在社区里热心公共事务的、相对比较活跃的积极分子、居委会的热心工作人员等。他们先是被提名为代表候选人，再通过选举产生。第二部分是机构代表，一共25名，包括政府办公室的各个部门干部和5个社区居委会主任。

第三部分是街道范围内的社会各界代表，一共10名，包括人大代表、政协委员、党代表，还有各物业公司、各企事业单位和国家机关的代表。对于社区居民代表，麦子店街道用两天时间对其进行培训（李凡 2014：218-219）。

2013年3月26日，麦子店街道召开"民主问政"会议，会议包括辩论和投票环节。在会议上，首先推选出总监票人和5名监票人。接着主持人说明相关规定：入围项目总金额不得超过各社区所提项目资金总额的80%，同时不得超过200万的限度。会议议程分为五个阶段。第一阶段是各社区居民代表对自己社区的项目进行陈述。5个社区总计14个项目，各社区代表轮流介绍本社区提出的项目，分别解释项目进行的必要性、可行性、资金额度和资金来源构成①，有的社区还提供项目详细的预算表和施工周期。第二阶段是60名代表进行第一轮无记名投票。在监票人的主持下，60名代表对14个项目进行自主评价。第三阶段是由拥有投票资格的参会人员对各社区所提的项目进行提问，各个社区需要回答所提的问题。每个社区的代表可以向其他4个社区提问，提问的顺序与之前介绍项目的顺序相同。在五个社区的互相提问阶段结束后，进入自由提问环节。当参会者没有疑问之后，会议进入第二轮投票阶段。最后一个阶段是将两轮投票结果累计相加，并根据得票总数确定入围的项目。此次会议的结果是，14个项目中有10个

---

① 项目除了使用财政资金之外，也可以自己筹集社会资金。

获得街道办事处的资金支持。这些项目一共花费了120万元财政资金，剩下的财政资金作为预备机动资金。①

在随后的一年里，麦子店区分了A、B类项目：A类项目为街道项目，项目资金规模为800万元；B类项目是社区项目，项目资金规模为200万元。两类项目都需要社区在民主问政会上互相竞争。麦子店街道办事处主任去了双井街道之后，也将这套改革模式搬到了双井街道。两个街道的做法是类似的，但双井街道对项目类型进行了扩展，增加了楼门项目，比如2016年双井的街道类项目资金规模为1400—1500万元，社区类项目为200—300万元，楼门类项目为120万元，同时区分了问需（开会之前先请民众做问卷）、问政和问效（社区对项目实施情况进行说明）三个阶段。②

比较浙江泽国镇和北京朝阳麦子店两地的参与式预算，可以明显发现两者的不同。首先，浙江泽国镇的改革开始针对的是城建资金，后来转向对整个预算的审查，而朝阳麦子店街道是拿出少部分资金让民众参与；其次，浙江泽国镇让民众来审核政府要做的项目，而麦子店街道则是让民众来选择项目；最后，浙江泽国镇的民众代表是在全镇人口中随机抽取的，而麦子店主要是让社区派出等额的代表作为民众代表。尽管存在着这些不同，两者还是共享基本的相似点，即都邀请民众参与到

---

① 以上来自访谈中所得资料：《参与式预算工作手册》。
② 访谈记录20160512dj。

财政资金的分配过程中。那么为什么麦子店街道使用这样的参与式预算模式？为什么邀请民意代表进入政府财政决策过程呢？背后的机理和泽国镇改革的逻辑是一致的，即都是当地嵌入了参与式治理理念网络，而地方官员愿意改革是因为他们都面临着如何有效分配和使用财力的决策难题。

第二节　理念网络：民众决定部分项目

在浙江泽国镇，参与式预算的理念是通过地方官员参与大学会议这种方式进入地方政府的；在上海闵行区，改革的理念是大学智库和官方智库输入的；北京麦子店街道的案例则展示了另一种理念进入模式，即民间智库的输入。在浙江泽国镇，进入当地政府的是审议民主和协商民主这些理念；在上海闵行区，进入当地的是激活人大监督预算的理念；而北京麦子店则是接受了巴西参与式预算改革的理念。

巴西参与式预算的具体做法是，政府拿出一定比例的财政资金，让民众自主决定这部分钱的使用方向。阿雷格里港被划为16个财政区域。根据人口、社会经济状况和已有的基础设施，每个区域都会被分配一定的财政资金。每个区域的分会每年召开两次，市行政人员、管理人员、社会协会代表、市民以及任何感兴趣的人都可以参加，但是只有这个区域的居民可以投票。在会议上，政府代表会回顾和讨论上一年预算的执行情况，然后选择代表参加后续三个月的周小会。这些周小会主要是在给定的资金范围内决定下一年区域的支出重点。三个月后，这些代表向第二次区域分会汇报区域预算提议，这次会议需要对提议进行投票。① 由于公民代表大多数是非职业群体，所以市政府会提供财政课程给代表以及有兴趣的参与者，以提升他们评议提案的能力（Fung and Wright 2001：13-14）。

将巴西参与式改革和北京麦子店街道的改革对照来看，可以看到很多相似之处，即它们都划定了一定的财政资金规模让民众选择使用的项目，让区域代表决定本区域的支出重点，对民众代表进行培训。那么，巴西的参与式改革的理念和做法是如何扩散到北京麦子店街道的呢？仔细考察这个过程，可以发现，与浙江泽国镇、上海闵行区一开始就有着联系紧密的理念网络和较完备的改革设计不同，麦子店的官员是逐步接触到相关学者，其参与式治理理念网络是逐步形成的。

第一支力量是麦子店街道的合作伙伴北京某传媒公司。该传媒公司成立于2007年，在社区报的经营上深耕多年，与地方政府形成了较好的信任和合作关系，拥有多份街区刊物，涉及北京东城、西城、朝阳、海淀、通州、丰台等城区以及山东济南等地。该传媒公司实为基层政府的智库，政府购买其智力支持和服务，因此该公司也承接政府拨款的项目。在麦子店街

---

① 除了区域分会之外，1994年还增设了五个主题论坛，代表们讨论和审议涉及多个区域的单一主题的项目，比如经济发展和健康政策等。这五个主题是：交通与流通，教育，休闲与文化，健康与社会福利，经济发展与税收，城市组织和城市发展。

道改革的初期,即 2010—2011 年,主要是该传媒公司参与其中。据当时该公司的副总介绍:

> 当时麦子店街道书记和我们董事长谈,形成了共识,共同要做这个事情。2011 年初,我们参与设计了民主生活会,即恳谈会,政府通过这个会向社区通报他们想要办的实事,听取群众的意见。我们想将此形成一个惯例。①

不过,当时居民代表的代表性不够,议事能力也不强,收集起来的很多意见并非街道所能解决的,而且他们只能对既有的、政府已定的实事工程发表意见。2012 年,麦子店街道就通过该传媒公司邀请学者以及学者推荐的专家来指导改革。这些学者根据已有的中西方参与式预算案例,对麦子店街道原有的做法作出了革新。其中一位学者介绍了自己介入麦子店街道改革的过程:

> 当时,麦子店街道党委书记面临的问题是工作不好开展,居民满意度不高。2011 年他就公布了当年拟实施的项目,让居民评议并给意见。但是 2012 年接下来如何进行?以前的一位报刊记者,现在是某传媒公司负责人,认识我,就把我介绍给了这位书记。我希望这可以成为城市社会自我治理模式的探索,形成居民和政府共同治理的模式。于是我建议:(1)要长期做;(2)要做成一种制度;

---

① 访谈记录 20160422tgl。

（3）依靠民众。我做这件事希望能为国家做贡献，这次改革也是为国家未来发展做贡献的探索。书记同意了。我请了一个民间智库进入。①

这位学者提到的民间智库就是世界与中国研究所。该所成立于20世纪90年代初，是一个民间的非政府非营利的研究机构。其所长为该机构创办人，本科毕业于北京师范大学，在美国俄亥俄州立大学获得硕士学位。该研究所的工作之一就是推动中国的基层民主。该研究所并非只停留在纸面上的理念传播，而是积极地与地方政府合作，在实践中推动政府治理模式转变。北京麦子店街道走向巴西参与式预算路径，正是因为这个民间智库的推动。

在讨论2013年怎么做的时候，街道党委和街道办事处希望再往前探索。世界与中国研究所给他们提了一个建议，说能不能把你们街道的公共财政资金拿出一部分来，由社区居民自己来决定这个钱投到哪里，办哪些事情。这就是公共财政预算的参与式。②

该智库对参与式预算比较熟悉。世界与中国研究所编纂了《中国民主发展报告》《协商民主在中国》《中国民主的前沿探索》，其中多次谈到了参与式预算，对参与式预算的来龙去脉

---

① 访谈记录20160418cx。
② 访谈记录20160418cx。

和具体模式都介绍得非常清楚。同时，世界与中国研究所也召开了很多与参与式预算相关的学术交流活动。该智库期望用这个制度模式来撬动中国基层决策模式的变迁：

> 参与式预算，目前亚洲韩国在做，也有其他一些地区在做，从2015年开始，已经有了100多个案例，扩张很快……要做成参与式预算，关键是街道书记要让渡一部分权力。麦子店街道书记愿意在这个方面做点事。我们这个智库是在麦子店街道预算改革的第三年参与其中的。①

世界与中国研究所介入后，给麦子店街道的改革实践做了优化和推进。首先，麦子店街道初次拿出200万元财政资金启动参与式预算，正是智库学者的建议。当学者们向街道提出从街道的公共财政资金中拿出一部分来由社区居民自己决定用途时，虽然街道本来就有这方面的意向，但初次改革只想拿出50万元进行改革。学者们表示200万元这个财政规模对于麦子店街道比较合适。其次，智库学者强调议事代表们的项目要互相竞争，而不是财政资金平均切块给每个社区，这样才能让财政资金花在最需要的地方。

> 当初开始改革的时候，我们想到有可能变成平分资金，大家分40万元，这样你好我也好。但如果是这样的话，改革就失去了它的意义，变成了"撒芝麻盐"，还有

---

① 访谈记录20160312lf。

可能变成政府给居民的优惠。我们要避免这种现象出现。于是向五个社区提出让项目进行竞争，谁的项目确实有道理，是必须要做的，大家来权衡，最后来做（李凡2014：220）。

在"民主问政"会议上，议事代表们需要展示自己的项目、对别的社区的项目进行提问，以及最后进行投票，这一做法就得益于上述建议。学者们期望议事代表有公共意识，而非小团体意识，强调要确定好竞争规则。正是因为这个建议以及学者们的引荐，参与麦子店街道改革的第三个民间智库，一个咨询公司便进入了。这家智库成立于2007年，其创始人是《罗伯特议事规则》的翻译者，他成立这家智库主要是想在中国推广议事规则（寇延丁、袁天鹏2012：42）。麦子店街道党委书记邀请该创始人担任议事代表们的培训专家，一共培训两天时间，让议事代表们学会提出质询、回应质询和形成共识的方式。另外，该创始人也担任了2013年"民主问政"会议的主持人。

由此可见，麦子店街道参与式预算改革的成形，主要是民间智库的学者与基层政府互动的结果。地方政府的一些运作，需要购买民间智库的服务。这就打开了政府官员和学者的交流渠道。在麦子店街道的案例中，民间智库既包括专门承接政府项目的商业化智库，也包括理念型的民间智库。他们的理念和设计的方案决定了麦子店改革所采取的模式。不仅如此，当时民间智库也邀请了某报负责人做内参，以及北京电视台等一些媒体做相关报道。①

不过，如果仅是强调非官方智库的推动作用是不够的。从整个改革的详细过程来看，麦子店街道本身就有改革的动力，而并非只是智库说服官员的结果。那么，麦子店街道为什么愿意邀请社区的议政代表进入部分财政资金的分配过程呢？他们有什么内在的需求呢？

第三节 财力分配中的让权

对于麦子店街道为什么要在2010年就启动问计于民的改革，原麦子店街道工委书记非常坦率地指出，他知道让权就是让责。该书记是北京东城区人，参军复员后，参加了政府很多部门的工作，其中他在朝阳区法制办的工作给他留下了非常深刻的印象。

> 这段工作经历给我带来了非常大的影响。我在那里工作了6年，还管过行政强制拆迁。这段经历使我对政府公平这些理念有了深刻的认识。对于行政强制拆迁，政府有权指定一个部门来做，区政府认为法制办是监督政府依法行政的，那么就由法制办去依法管理拆迁。当时要拆一个

---

① 访谈记录20160312lf。由于这些民间智库的特殊性质，关于麦子店改革的公开报道次数明显少于泽国镇和闵行区。

服装市场,那里本来生意很好。拆迁动员大会举办的时候,摊主和境外媒体都来参加了,群众的意见特别大。我真正理解,权力是一种责任。你让渡权力也就是在让渡责任。①

而选择在财政资金的使用方面让权,是因为麦子店街道有这方面的需求。2000年,北京市印发了《关于进一步深化城市管理体制改革的意见》,对各区实行彻底的分税制财政体制改革,各区也以此为基础实行了以分税制为主的街道财政体制改革。对于朝阳区各街道而言,街道正常经费支出由区财政予以保证,事业经费和城市管理专项资金则与街道财政收入挂钩,按照街道财政收入总额、财政收入增量、对区财政的贡献等因素进行分配(王瑞珠、徐盛红 2003:20;李毅 2019:26)。而麦子店街道和随后进行改革的双井街道都属于相对富裕的街道。

当时,这些街道的财政资金分为三块:第一块是上级保障的街道人员和工作经费;第二块是自有资金,比如办市场、街道企业和房地产所产生的自有资金,这部分收入由街道企业管理局进行统一管理;第三块是税收返还,即街道完成区里规定的税源指标后,区里向其返还一定比例的财政资金。在两街道改革开始的那些年里,麦子店街道一年有3000万元左右的税

---

① 访谈记录20160427ly。

收返还，双井街道是 2000 多万元。

这些街道满足了硬性财政支出的需求之后，还有余钱。那么，对于多余的财政资金，街道是怎么花的呢？和乡镇不同，街道内城建项目的建设主要由区级和区级以上政府负责，街道主要是做社区的兜底工作。① 对于可支配的财力，原来的支出方式是街道领导和各部门分管领导坐下来研究，比如管社区的领导和管城建的领导一块商量。但是这种方式容易产生的问题是，官员们绞尽脑汁想出来的项目，一方面并不受群众的欢迎，另一方面区域间常常会对资金的地理性分配产生不同意见。麦子店街道内社区间差异较大，有的社区以老旧住宅小区为主，有的社区以干部居民小区为主，还有的社区是高档商品住宅区，因此社区需求有着很大不同，社区之间有着利益上的竞争。当时的麦子店街道工委书记如此评价：

> 麦子店是个建成区，不是一个开发区，所以并不存在尖锐的矛盾。不过，这个区还是有着利益上的竞争。②

当时的麦子店街道办事处主任对此也表示认同，在她任内，麦子店街道曾推出一个"亮丽工程"，在 A 社区重修道路、完善绿化，但是事实上这个社区原本的道路和绿化已经很好了，挖开重修使得 A 社区的居民不满意，而其他社区觉得自己

---

① 访谈记录 20210621www。
② 访谈记录 20160427ly。

的社区有更紧迫的需求没有得到满足,所以也不满意。①

因此,麦子店街道想向社区问需,看看社区居民自己究竟想做什么。于是2010年,麦子店街道在传媒公司的帮助下开始改革。此时的民意代表就是以社区为单位选派的,这也说明麦子店在财政分配时遇到的问题是下级单位之间的竞争。然而,解决了一个问题的同时,马上又遇到了新问题。在问需阶段,麦子店通过多种渠道和方式,收到了来自各社区的360多件建议案。那接下来的问题是,收集起来的这些建议案中究竟应该先上马哪个。这是街道领导们面临的问题,即财力应该如何分配。这与浙江泽国镇改革前遇到的困境类似。街道工委书记在2012年建议案初选协商会上的总结发言中这样说道:

> 建议案搜集上来了,搜集上来以后怎么办?如果采取懒的做法,干脆就从360多件建议案里,挑一点能干、好干、省事的,甚至于动作不大,或者费力不大,但是影响很大的,作为政绩、形象工程来办,可以不可以?有些地方就是这么做的,但是我们觉得这是不合适的,这种做法必将失信于民。我们认为,把360多件建议案收集上来,做或者不做,先做什么后做什么,应该有一个协商的平台,大家共同讨论决定,而不是一家说了算。"我提出意见,你(街道办事处)计划怎么办?""你不办的理由是

---

① 访谈记录20160512dj。

什么？""不给安排是为什么？"这些都要有一个说法。①

五年之后，当工委书记离开麦子店街道的岗位时，再次谈到这件事，他更直接地描述了自己遇到的困境：

> 我做了问需调研之后，有顾虑了。大家提出的需求满足不了，那么大家肯定又要嚷嚷，怎么办呢？这不人为制造矛盾吗？这不自己给自己设置矛盾吗？

正在街道领导为如何处理这个问题而苦恼的时候，世界与中国研究所提出了它的药方，即参考巴西的参与式预算方式，拿出一定规模的财政资金，让民众自己决定这些资金的用途。当然，这个资金规模在改革后的头年是很保守的，但随着改革的推进，这部分资金规模也逐渐扩大。对于这段改革历程，之前担任麦子店街道办事处主任，后来担任双井街道党委书记的官员这样总结道：

> 麦子店街道和双井街道都属于比较富裕的街道，有钱当然是做这些事情的前提条件，但也并不是所有富裕的街道都会选择这么做，一是因为有些观点还没有转变，另一个也是因为别人做了，你再做也就没什么创新了。这样的改革，其实很有好处，首先就是有利于财政资金的有效分配，钱用在该用的地方。比如当时社区投票，都将票投给

---

① 以上来自访谈中所得资料：《麦子店街道问政手册》，第61页。

了一个落后社区，所以当时那个社区提的微电改造项目就通过了。①

由此可见，巴西的参与式预算之所以能够在麦子店街道生根，并不是因为当地官员知道了这个理念，而是因为他们在遇到实际工作问题时正好遇到了这个理念。麦子店街道的地方主要领导们面临着如何在社区分配财政资金，以及如何抉择问需之后产生的诸多项目提议的困境。面对这种困境，他们选择了放权的方式，通过参与式预算让社区和社区进行博弈，让社区自己决定项目的优先等级，决定哪些事先做。② 放权也在一定程度上减轻了分配带来的压力。

总而言之，麦子店街道的预算改革模式受到了参与式治理理念网络的极大推动。巴西参与式预算的理念通过民间智库与地方政府官员互动的理念网络传递到了麦子店街道。麦子店街道官员在学者的帮助下设计了预算的改革模式，拿出部分财政资金让民意代表决定、让区域之间进行博弈、对民意代表进行议事培训，这些都是巴西参与式预算的重要特征。不过，仅有参与式治理理念网络是不能直接促成改革的，地方政府必须要有内在的需求才行。具体到麦子店街道的案例，正是因为街道地方主要领导遇到了资金在区域内部分配的困境，基层官员们才愿意放手一试。参与式预算给他们提供了一个有力的武

---

① 访谈记录 20160512dj。
② 访谈记录 20210621ypw。

器,让他们在一定程度上摆脱了资金分配的压力。这背后的缘由,和浙江泽国镇、上海闵行区改革的缘起何其相似!如果说这三个案例提供了有些地方产生参与式预算的原因,那么,接下来需要回答的问题是,为什么其他地方没有产生参与式预算。这就需要考察没有产生参与式预算的案例。

第三部分：案例比较 II
未出现参与式预算的案例

第八章　内部力量的参与：
对江苏省张浦镇的考察

2010年，江苏省张浦镇开始借鉴温岭模式的预算改革。不过虽然是借鉴学习，但具体方式有着很大的差异，其参与主体是政府内部的人员。这个改革和浙江泽国镇的相比，突出的特点是参与人员的有限性，即没有向社会公众开放。不仅如此，这个改革两年后便偃旗息鼓，不再继续。如果说浙江泽国镇改革是理念网络和可支配财力两者叠加所导致的，那么江苏张浦镇这个案例便说明：在同样拥有可支配财力的情况下，即便地方官员得知了参与式预算的理念，但如果没有嵌入参与式治理理念网络，有外部社会力量介入的参与式预算改革也难以成形。

位于浙江省北部的江苏省，和浙江省一样是一个经济大省。在20世纪80年代，江苏省尤其是苏南地区的集体企业发展欣欣向荣，以"苏南模式"著称（Whiting 2001）。90年代以后江苏迈向"新苏南模式"，即一方面集体企业纷纷改制，另一方面地方政府积极引入外资（江苏全面小康研究课题组 2006）。张浦镇隶属昆山市。昆山市位于江苏东部，靠近上海，改革开放之初是苏州下属县市中最为落后的一个农业市，1978 年时农业占其地区生产总值的 51.4%。它的发展路径就是典型的苏南模式。它先依靠集体企业，然后转向招商引资，在短短二十多年时间里实现了经济的腾飞，多次在中国的百强县排名中名列前茅。2017 年，昆山市生产总值达到 3520.35 亿元，城乡人均收入为 59 191 元。在经济发展过程中，地方政府发挥了重要作用（Keng 2010）。

张浦镇是昆山市的经济大镇。20 世纪 80 年代，张浦镇村集体企业取得了快速的发展。1994 年开始，张浦镇全面启动镇村企业的改制和转制工作。通过整厂拍卖、转制私营等方式，到了 1998 年，全镇 90 家镇村集体企业全部转制私有化。其外向型经济起步于 20 世纪 90 年代。1990 年，第一家外商投资企业——昆山加浦包装材料有限公司成立。进入 21 世纪，张浦的外向型经济发展更加迅猛，已经成为带动和支撑全镇经济快速发展的龙头（王建华 2015：190，195）。截至 2017 年，张浦镇户籍人口 8 万多人，地区生产总值 218.28 亿元（昆山市人民政府 2020-03-25）。

为什么江苏张浦镇在 2010 年推行预算改革？为什么其改革没有邀请外部社会力量，且存续时间很短呢？仔细考察江苏张浦镇改革的缘起可以发现，其改革也是地方官员在参与式预算理念的影响下主动推行的。但是，当地并没有形成推进改革的参与式治理理念网络,所以这个改革不仅历时短,而且没有让普通民众介入预算制定过程,人大发挥的作用也相对有限。

第一节 缺乏理念网络背景下的改革

2010年11月底开始,张浦镇财政分局组织了政法、文教、农口等预算单位的负责人和参与预算编制的相关人员召开了三次民主恳谈会,参与者们对2011年度的部门预算发表了意见和建议,由张浦镇财政分局汇总并加以参考。2011年,参与式预算继续进行。2011年8月,财政分局召开了参与式预算实施项目情况座谈会,主要参与者包括部分人大代表和2011年实事工程实施单位的负责人。2011年11月,在编制部门预算前,财政分局再次组织了相关部门负责人进行民主恳谈,对2012年预算编制进行探讨。此外,张浦还在12月底召开了预算编制人大代表座谈会,将制定好的预算草案提交人大代表进行商讨。2012年之后,当地预算制定的民主恳谈不再继续(陈鑫2012:495-496)。

在当时具体落实改革事项并全程参与的张浦镇财政局工作人员看来,张浦镇那两年的预算改革特点主要是召集各预算单位负责人在一起开恳谈会,其参与主体是政府各部门负责人。①在这个过程中,外部社会力量并没有参与进来。当地虽然

---

① 访谈记录20170816lxh。

在2012年两次引入了人大力量,但事实上人大代表并没有对预算的编制发挥作用。第一次是针对上一年的项目实施情况的座谈,这实质上是对预算执行的监督。第二次邀请人大代表参与针对已经编制好的预算草案的座谈会,但是会议时间比较短,受邀的人大代表没有提前获得预算草案,会上也没有对预算草案展开审议。而这也得到了该镇人大一位负责人的确认:

> 财政局在最后交给人代会预算报告之前,也请人大代表开过座谈会,对预算执行、编制进行审议。我们就是听取报告,并没有提具体的意见。在人代会上,人大主要是审核预算执行和编制是否合理,并不左右财政资金,就是看看有没有克扣民生资金这些情况。①

江苏张浦镇2010年的预算改革,是由时任镇财政分局局长主动发起的。他于1975年出生于昆山市,获得了苏州大学财政系的本科文凭,后在中国科学技术大学获得了电子与通信工程专业的在职硕士文凭。他坦承自己之所以会有改革的想法是受到了学者的启发。江苏张浦镇所隶属的昆山市经济富裕,官员们出去培训的机会多,培训规模大。就拿市财政局来说,他们每年都会组织整个系统的工作人员出去培训,并与中国财政科学研究院合作设立了县级市财政科学研究机构。②表8-1展示了2015—2017年该局培训的地点和讲授的课程。密集的、大规模的培

---

① 访谈记录20180205zyw。
② 访谈记录20180815qm。

训,意味着该市的官员接触到新理念的概率较大。而时任张浦镇财政分局局长正是在一次培训的过程中产生了改革的念头:

> 我当时要推行改革是自己的想法。2009年左右我去上海财经大学参加培训,其中财经学院的一个教授对财政改革很有看法,他说财税改革还不够,要走向预算公开和透明。所以我想着是否能从这个方向去做个创新。不过,当时没有请学者来指导,因为只是镇范围的,不想动静太大,请专家还要费用。我们主要凭借的资料就是当时的一些报道和信息。①

表8-1 昆山市财政系统所接受的培训(2015—2017年)

年份	培训地点	培训课程	授课院系
2015	浙江大学	政府资产与债务管理、政府部门高效能执行力建设、财务报表舞弊识别与审计、深化财税体制改革解读、打造中国经济升级版、预算绩效管理的主要内容、管理关键与实务	经济学院财政系、管理学院、继续教育学院等
2016	中南财经政法大学	经济结构转型与改革红利、新预算法解读、廉政教育、地方政府财力保障机制研究、财政科学化和精细化管理	不详
2017	山东大学中心校区	宏观经济政策解读、财政法制化建设、行政事业单位内控管理、财政透明与预算监督、地方投融资平台管理、齐鲁文化与孔孟之道	商学院、财政系、经济学院等

资料来源:访谈所得资料。

---

① 访谈记录20170821lyh。

不过，虽说财政分局局长受到了学者启发想要在这个方面有所作为，但对于具体采取何种改革方案并不清楚。他将具体方案的设计交给了自己的下级，让他们朝着财政透明化的方向去设计方案。他的下级则通过上网搜索获知其他地方在实施预算改革。张浦镇财政分局预算科的一位主要负责此项改革的工作人员说：

> 当时我们领导想要搞个财政改革创新，让我做方案。我就上网搜，搜财政改革，一搜就看到了参与式预算，看到了温岭和其他地方的案例。我们就按照网上写的来搞，主要方式就是邀请预算单位的领导归口来谈预算，但是也没有搞多久，搞个两三年就没有搞了，没有形成制度，没有文件。①

换言之，张浦镇的财政局局长想推动改革，但是他并没有和相关学者形成紧密的互动，当地没有形成参与式治理理念网络。该局长也向当地的主要领导汇报了改革的想法，当地领导表示支持和赞赏。但是当地的党政领导也没有机会嵌入参与式治理理念网络，对改革也没有实质性的推动。正是因为当地缺乏参与式治理理念网络，昆山市张浦镇的改革并没有走向真正的参与式预算，只是召开了扩大化的政府内部预算会议。具体的改革方案是工作人员根据网上搜集的资料整理的，所以他们

---

① 访谈记录20170816lxh。

会选择额外任务量比较小的、可操作性比较强的方案。像泽国镇那样邀请民众代表的方法，一方面要去争取上级支持，另一方面普通工作人员的工作量也会成倍增加。而让预算部门负责人一起开会，制定好预算后汇报给人大开座谈会，这是最具可操作性的方式。不过，即便如此，负责此项改革的工作人员还是表示额外工作量太大。①

在额外激励方面，由于没有参与式治理理念网络，因此当地的改革缺乏学者的关注和外部媒体的报道。如果对比浙江泽国镇和江苏张浦镇的改革，就可以看出两地改革所受关注的差别：泽国镇改革受到了长时间的、频繁的、多维度的关注，而张浦镇两年的改革既没有进入任何学者的研究报告，也没有获得任何有影响力的公开报道（参见表8-2）。在缺乏额外激励的情况下，无论是财政局领导和当地的党政主要领导，还是普通工作人员，都缺乏让改革深化的动力。

表8-2 有关两镇参与式预算改革的学术和媒体热度

	学术文章	学位论文	报纸	会议
泽国镇	70	51	11	8
张浦镇	0	0	0	0

资料来源：知网数据，截至2021年7月15日。

既然没有学者直接推动，又没有媒体关注，为什么张浦镇财政分局局长要做这样的改革呢？这实际上还是和该地当时的

---

① 访谈记录20170816lxh。

财力特征有着密切的关系。

第二节 财力变迁与改革始末

张浦是一个经济快速发展的乡镇,与之相应,其财政收入也快速增加(参见表8-3)。首先看一下当地2010年改革前的财政收入状况。当地财政收入的规模庞大,2010年的一般预算收入就有10亿元,其中土地出让收入就超过了3亿元。不过,这些统计出来的财力并非全部由张浦镇支配,当地实行综合分税制,乡镇只能支配其中的一部分。根据市财政局内部估算,乡镇1元的财政收入,乡镇本级只能拿到20%。①事实也基本如此,据统计,张浦镇一年在拥有25亿元财政总收入的情况下,分得的财力是4亿多元(江昱2014:108)。

表8-3 张浦镇财政收入情况(2003—2010年)

单位:亿元

	2003年	2004年	2005年	2006年	2007年	2008年	2009年	2010年
一般预算收入	14 189	22 031	32 673	40 361	52 888	68 989	82 416	100 190
基金预算收入	69	—	—	—	—	11 348	19 527	33 188
土地收入	—	—	—	—	—	10 019	18 185	31 626

资料来源:张浦财政分局提供。

不过,即便是乡镇只能拿20%,张浦镇几个亿的可支配财

---

① 访谈记录20190201slq。

力也是很可观的。但这并不意味着它可以轻松满足各部门的财力需求。相反，这个地方仍然存在财力的竞争。

首先来看一下江苏张浦镇的辖区构成。江苏张浦镇所属的辖区和政府机构并不少。江苏张浦镇经历了乡镇的合并：2000年8月，周边两镇并入张浦镇。三镇合并后的张浦镇面积为116.27平方千米，下辖59个行政村，5个居委会，2个街道办事处和1个管委会。后经逐年合并和重新划定等方式，目前江苏张浦镇下辖27个行政村和社区居民委员会。这些区域对财力分配存在着竞争。当地一位部门领导如此说道：

> 对并入两镇的投入肯定没有对原张浦镇多，毕竟只有一个核心区，那么这些地方百姓肯定有意见。我们能做的就是在那里做点公共建设，比如菜场啥的。但这些地方还是要提要求的。不要看这里这么有钱，但是财力也是紧张，乡镇工作不好做。①

接着，来考察一下江苏张浦镇的机构构成。2012年前，张浦镇政府下辖的部门很多，有34个行政机构和事业单位。江苏张浦镇的机构设置在2012年发生重大变革。但是，即便是2012年机构改革之后，张浦镇的部门数量依然很多。2012年，江苏张浦镇对镇属34个行政机构和事业单位进行整合，成立了"一办六局一中心"，后来又调整为：党政办公室、

---

① 访谈记录20190131gwg。

组织人事和社会保障局、财政和资产管理局、经济促进局、建设与管理局、社会事业发展和管理局、综合执法局、行政审批局（便民服务中心）、社会综合治理局和农村工作局。这些部门都由镇党委副书记或者副镇长主持工作。

除了这些新改革的、副科级的部门以外，张浦镇其实还长期存在着很多正股级的政府部门，比如城管委、农房翻建管理办公室、安监办、信访办、政法办、搬迁管理办公室等办公室。这些办公室有的被归属于上述部门之中，有的则是独立存在的，比如搬迁管理办公室，有自己独立的预算户头，也由副镇长来分管。

换句话说，无论是改革前还是改革后，张浦镇的机构都较多，且每个机构都由相应的分管领导负责。当这些部门就财政分配问题来游说财政分局时，财政分局局长也颇感为难。他期望靠预算改革来缓解这个问题：

> 我刚到张浦镇时，一些部门就来沟通，要求倾斜和照顾，正所谓"会哭的孩子有奶喝"。部门预算，其中人员和运转经费是定的，而项目经费是不定的，对这块部门就会提要求。与其这样，我就主动请他们来。一方面，让他们对镇和各部门的财务安排有所了解；另一方面也宣讲了财政政策。参与式预算，就是为了让预算单位重视预算。①

---

① 访谈记录20170821lyh。

所以，光有理念是不足以推动改革的。改革能够发生，正是因为财政分局承担着促使财政经费合理分配、监督财政资金有效使用的责任。只不过，张浦没有嵌入参与式治理理念网络，而是让预算部门参加预算编制会议，进行恳谈，没有把重点放在引入外部力量上。

接下来要回答的问题是，为什么这个改革只延续了两年，到2012年就结束了呢？很多地方的改革一开始也是自己摸索，然后被外界关注，才有很多学者逐渐加入，然后形成理念网络，改革才进一步深化。在当时该地主要领导都支持、财政局局长也在任的情况下，为什么这个改革只做了两年呢？这与当地财力在2012年的迅速变化有关系。

首先是张浦镇2012年开始的行政体制改革给镇政府带来了更多的职责，但并没有带来相应的财力。2010年，国务院批准《长江三角洲地区区域规划》，中央编办等六部委印发《关于开展经济发达镇行政管理体制改革试点工作的通知》等。这些文件规定，经济发达镇行政管理体制改革试点镇政府享有部分县级经济社会管理权限，以及在镇区范围内履行法律、法规、规章规定的县级政府及其部门的行政执法职责。2010年，昆山市张浦镇成为全国25个经济发达镇行政管理体制改革的试点之一，2012年正式改革。在这个过程中，昆山市将多种权力下放给张浦镇。据相关统计，昆山市一共下放给张浦镇665项行政处罚权以及与之相关的行政强制措施权和监督检查权，135项行政许可、非行政许可审批和公共服务事项（孔凡义、涂万平 2017）。然而权力带来的是支出责任，张浦镇在这个过程中并没有获得相应的财力：

> 我们 2012 年正式搞改革，事权下放，但是财权并没有下放。刚开始有一些倾斜的政策，比如超额部分分成比例倾斜一些，但是逐渐就没有了，现在和一般乡镇差不多。但是，我们承担的事情，以及提供的人员支出却变多了。有很多不应该由我们提供的职能都由我们来承担，比如：国防方面，当兵的费用我们来承担；教育方面，从幼儿园到中学，所有的人员费用，都是市里定标准，我们来付钱，现在教师占了我们人员开支的一半；还有公安，编内外都得我们付，辅警我们有 500 多人，城管有 130 多人，还有网格员 60 人。[①]

其次，上级政府推动的城镇化政策导致很多乡镇入不敷出。2012 年，昆山市整个区域的城市化率按户籍人口来算已达到 79.3%，按照常住人口来算，城市化率为 69.9%（沈鲁青 2013：27）。昆山市城镇化水平的快速提高，除了经济发展带来的自然聚集这一原因之外，也受到上级政府政策的影响。苏州市政府从 21 世纪初开始便逐步推行"三集中三置换"的城乡一体化措施。所谓"三集中"，是指工业企业向园区集中、

---

① 访谈记录 20190131gwg。

农村居民向新型社区集中、农业用地向适度规模经营集中。而"三置换",是指将农村宅基地置换成城镇商品住房、土地承包经营权置换成土地股份合作社股权和城镇社会保障、分散农业经营置换成规模化经营。其中最重要的步骤和结果就是农民进城。对于昆山市而言,截至2012年底,全市工业企业向园区集中达90%以上,农业用地向规模经营集中达94%以上,农村居民向城镇集中达73%以上(江昼 2014:108)。而张浦镇是2009年9月城乡一体化综合配套改革领导小组确立的全市23个改革试点镇之一。

  农村居民进城镇集中居住,原来的村民自治集体组织就变成了社区居民自治组织。社区居民的属地化管理给基层的乡镇政府财政带来一系列的额外支出。其中最直接的是对原村级干部人员与公用经费的补助,以及相关新型居民社区的服务中心运行费用等。实施一体化综合改革以来,张浦镇等试点镇2009年财政刚性支出比2007年增加了85.6%,其中对社区补助支出更是增加了一倍多(沈鲁青 2011)。不仅如此,城乡一体化要求为新市民提供基础设施网络,包括交通、污水处理、基础教育、医疗卫生、居民养老等服务,这些支出多由乡镇自己承担。而城乡一体化给乡镇财政带来的最大负担则是要垫支大量资金进行动迁房建设和向农民补偿。因此,张浦镇在2012年开始负债:

    张浦镇开始有债务是从2012年开始的。当时要做城乡一体化,要求农民和城市居民一样待遇,提高城镇化率，张浦建了很多动迁房，250万平方米的动迁房，花了近150亿元。①

既然如此，为什么当地不能多转让些土地呢？当地经济发展水平高，土地转让收入应该可以弥补这个缺口。然而，近些年张浦镇土地收入非常有限。主要原因是，张浦镇已经多年没有出让商用土地，而工业出让土地价格比较低廉。这与之前昆山市土地转让的方式有关系。昆山市开始有偿转让土地的做法是比较早的，20世纪80年代末就试行国有土地有偿出让，在全省范围内是先行者（庄社明2005）。以前乡镇可以直接出让集体土地，整个昆山市在2000年前就出让了非常多的土地；自从中央政府提出守住耕地红线后，昆山用地变得越来越紧张。②随着省级政府对于建设用地新增指标控制的加强，张浦镇政府在转让土地方面就比较谨慎，所以从2013年后当地土地转让逐年减少，2015年土地转让金已经从之前的上亿元变成了5000多万元，而近些年都没有土地转让收入。③

总而言之，张浦镇2011年前拥有较多的可支配财力，而财政局领导一方面感受到辖区和部门资金分配的压力，另一方面也在培训中得到了启发，所以开启了该地的预算改革。但是，当地并没有学者团队进入，没有形成参与式治理理念网

---

① 访谈记录20180209ghw。
② 访谈记录20180209 ghw。
③ 访谈记录20190131gwg。

络，改革方案是由工作人员在网上搜索和拟定的，只是邀请了各预算单位负责人和人大代表进行恳谈，没有引入外部社会力量。即便邀请人大代表开了座谈会，人大代表也没有真正去审议预算。随着2012年张浦镇的硬性开支和规定开支快速增加，土地收入逐渐减少，当地的可支配财力迅速下降，这个改革也就消失了。从这个案例可以看出：一地拥有可支配财力，的确会面临财政资金合理分配和有效使用的潜在压力；但是如果缺乏理念网络，就不太可能产生真正的参与式预算改革。而当一个地方根本没有可支配财力，也没有理念网络，那就更不可能产生参与式预算改革了。广西一个相对落后乡镇的情况就说明了这点。

第九章　缺乏改革的土壤：
对广西壮族自治区白圩镇的考察

在很多人看来，经济落后的乡镇更需要"把钱用在刀刃上"。如果说参与式预算能更好地决定财政资金的走向，那么这种做法是否会更容易出现在贫穷的乡镇？事实上，并非如此。在中国一些经济相对落后的乡镇，乡镇职能已经萎缩，很多职能由县级政府代理，乡镇更多的是起到沟通县级政府和农村的功能，乡镇发展所需的资金在很大程度上不受乡镇政府的调配使用。所以，在这种情况下，这样的乡镇并不具备自发产生参与式预算的土壤。广西白圩镇就是这样一个例子。

广西壮族自治区位于中国西南部，是一个经济相对落后的省份。截至2017年，广西的地区生产总值为18 523.26亿元，而江苏为85 869.76亿元，浙江为51 768.26亿元。2017年，广西的城镇居民人均可支配收入为30 502.1元，农村居民人均可支配收入为11 325.5元，而江苏分别为43 621.8元和19 158元，浙江分别为51 260.7元和24 955.8元。与之相应，广西的财政收入也较少。2017年，广西地方一般公共预算收入仅为 1615.13 亿元，而江苏为 8171.53 亿元，浙江为 5804.38 亿元。(国家统计局 2018) 白圩镇位于广西上林县，该县位于广西中南部，总人口 50.71 万，非农业人口 5.19 万人，其中壮族占 80.1%，汉族占 14.89%，瑶族占 5%，其他民族占 0.01%。(广西南宁市上林县人民政府 2018-06-04) 上林县 2017 年地区生产总值为 567 493 万元，公共财政预算收入 25 322 万元，城镇居民人均可支配收入 25 225 元，农村居民人均可支配收入 10 199 元。(广西南宁市上林县人民政府 2018-02-08) 其城镇和农村居民人均可支配收入都低于广西平均水平，当时是国家级贫困县。上林县下设 7 个镇和 4 个乡，白圩镇就是其下辖的一个镇，它位于上林县东南部，占地面积 234 平方千米，拥有 17 个村民委员会，2 个社区居民委员会。

这个乡镇的财政支出具体有着怎样的特点？支出模式和发达地区的乡镇有着怎样的不同？为什么说这样的乡镇没有参与式预算改革的土壤？这些财政支出的特点是白圩镇独有的吗？带着这些问题，下面笔者逐一展开分析。

第一节 白圩镇财政支出特点

要分析白圩镇的财政支出特点，首先要看一下其上级——上林县政府的财政收支情况。以 2017 年为例，上林县一般公共预算是4.3亿元,向上转移支付之后,该县有2.5亿元左右的财政收入,主要来源是县里的工业、房地产等税收收入。在政府性基金方面,主体部分为土地拍卖收入,2017年达3.5亿元,过去几年基本上每年都可达到3亿元左右的规模。这些收入除去1亿至1.5亿元成本,上林县真正能支配的资金规模为1个多亿,其中10%用于教育,10%用于农业发展,其他部分主要用来做一些重大项目,比如基础设施、污水处理厂以及储备未来的土地(征地、修路)等,这些收入主要用在县区。上林县下辖的乡镇经济发展都比较弱,依赖农业,没有土地转让收入。之前乡镇还有一级国库,但是2004年至2005年农业税逐步取消之后,乡镇基本没有收入,也就不再设国库。目前,上林县实行的是"乡财县管",乡镇的税收收入主要由县来收,然后再由县分割给乡镇一部分财政资金。因此,乡镇不做收入的预算,只做支出的预算。

从支出上来看,整个上林县是典型的"吃饭财政"。2017—2018年每年该县的支出大约为30亿元。对于2017年来说,这意味着上林县财政支出中有27.5亿元要靠转移支付。其中一般性支付大概占10亿元,主要用作保运转、工资发放和公用经费,上林县全县要保障1.1万人员的工资。上林县人员经费和运行经费的标准都是上级政府定好的。另外就是专项资金,也就是各种项目资金,包括农口的、社保的、教育的等。这些资金被当地官员称为"戴着帽子"的资金,即这些资金都规定好了具体的项目用途。

那么,上林县如何向乡镇分配财政资金呢?人员经费和运转经费同样是按照既定标准算出来的,其他的是根据轻重缓急来分配。比如,对于上林县而言,前些年最主要的任务是脱贫攻坚,那么例如离市区远的、基础设施差的、饮水安全保障不达标的乡镇的项目,上林县就要保证落实。值得指出的是,即便是上林县,县级政府其实也没有很大的资金调配权。因为上林县依靠的是上级的转移支付,而2017—2018年项目性转移支付中除了4个亿左右的涉农整合资金之外,都是专项转移支付,有着对应的具体项目,上林县无法统一协调。具体的程序是:上林县向上级主管部门上报项目,上级主管部门审批,审批之后就规定了资金的具体用途。比如省财政厅划拨给水利厅一部分财政资金,县水利局上报项目以取得其中部分资金,项目获得审批之后就需要按照当时申报的具体用途来使用资金。县政府没有统筹资金的权力。

对于涉农整合资金这类县政府可以统筹的转移支付,上林县也是让乡镇报项目:让乡镇竞争立项,哪个项目更好更完善,就把资金分给哪个乡镇。所以上林县存在各镇对这些资金竞争的问题。为了化解这些压力,上林县设有产业负责小组,专门对项目进行审核;同时,县领导小组、职能部门领导、人大、政协集体开会商量决定。[1]

---

[1] 访谈记录20181118fq。

在依赖上级转移支付和上级确定项目的形势下，乡镇的职能就大大弱化了。白圩镇以前还有几百万元的税收任务，从2006年起不再收税，由县里切块资金给镇。白圩镇2017年和2018年的切块资金规模都在300万元左右，主要用于公共支出、保运转、民生支出、安全生产、低保和维稳，没有多余财力。在这样的乡镇，乡镇预算被统入市级预算，经过县人大审核。镇人大主席团一年开一次例会，不审批预算，会议上政府向人大汇报财政支出情况。

乡镇财权的变化带来了乡镇机构职能的弱化。在农业税改革之前，乡镇还存在着七站八所，而2018年白圩镇除了人民政府外，只剩下七个职能机构：文化体育和广播影视站、财政所、国土规划环保安监站、农林水利综合服务中心、社会保障服务中心、卫生和计划生育服务所以及扶贫工作站。这和发达乡镇数量庞大的职能机构形成了对比。除了机构数目和人员编制减少外，这些职能部门所掌握的财力极为有限。从表9-1中可以看出，镇人民政府掌握了最多的工作经费，占到全镇经费的79.71%。其他的职能机构中除了财政所之外，掌握的工作经费多的只有二十万元左右，少的仅为数千元。从中也可以看出，在这类乡镇，职能机构发挥的作用极为有限。

表9-1 白圩镇政府机构构成和工作经费分配（2018年）

政府机构构成	工作经费（元）	所占比例
扶贫工作站	7679	0.03%

（续表）

政府机构构成	工作经费（元）	所占比例
农林水利综合服务中心	52 187.5	0.17%
文化体育和广播影视站	55 393	0.19%
社会保障服务中心	66 652.8	0.22%
卫生和计划生育服务所	218 876.3	0.73%
国土规划环保安监站	228 445	0.76%
财政所	5 431 601.28	18.18%
人民政府	23 811 763.6	79.71%

资料来源：根据访谈资料整理。

接下来考察一下财政所。财政所是白圩镇除了镇人民政府之外掌握最多工作经费的一个职能机构。白圩镇一共有10万人口，财政所的工作人员包括所长在内一共4位。财政所经手的543余万元主要用于行政运行、农业生产支持补贴、农村基础设施建设、对村级一事一议的补助这四项，2018年所耗经费分别为3.8万、139.2万、50万、350多万元。其中，农业生产支持补贴和对村级一事一议的补助是两项最为重要的支出。农业生产支持补贴是对个人的农业生产补贴，是单位往来款项，财政所对此没有自由裁量权。而占用工作经费最多的事项——对村级一事一议的补助，实际权限也不在财政所。村级一事一议开始于2011年，目的是支持农业建设和发展，提倡政府（80%）和村民（20%）共同出资，到2018年为止白圩镇各村都有了道路、篮球场和文化站，这都是村级一事一议的成果。具体过程是各村经过村民大会商讨后向镇政府报项目，然后由镇政府领导班子讨论并把关；之后，项目上报给县政府，再由县政府来决定做什么项目。财政所实质上类似于出纳，主要工作就是对接各村的拨款要求，审核材料是否齐备，负责一事一议的执行。立项的权限并不在财政所。①换句话说，财政所表面掌握着相对多的资金，但是不掌握这些资金的分配权，而是起到一个中转的作用。另外，财政所在镇的预算方面所起的作用也非常有限：一般每年11月，县财政局给框架让报预算，乡镇各部门做办公人员和办公经费预算，基本就是在上一年预算的基础上根据人员变动情况手动修改；再交给镇财政所，镇财政所汇总后上报给市财政局；预算通过后，县财政局下发额度和预算说明书到镇财政所。②总而言之，白圩镇的镇财政所就是一个起到上传下达作用的机构，发达省份镇财政所或财政分局所遇到的分配资金的压力在此是不存在的。

在职能机构纷纷萎缩的情况下，镇人民政府成为相对庞大的机构。白圩镇人民政府有三套班子，一共42人，包括党政办、综治维稳办等，还有一些治理专员，每个镇长和副镇长都配有治理专员。其中镇领导班子一共有11人，包括1名书记、2名副书记、1名镇长、3名副镇长、1名纪委书记、1名组织委员、1名统战委员、1名人大主席。在白圩镇，人民政府的

---

① 访谈记录20181119whz。
② 访谈记录20181119bzy。

工作主要是围绕县里的布局展开，前几年的主要任务是脱贫攻坚，而其他的如环保、安全生产等也都需政府来管。人民政府掌握两部分财政资金，一部分就是上文提到的切块资金，300万元左右，主要用于办公经费、安全生产、维稳等常规项目的支出。虽然政府可以统筹其中的一小部分来自由支配，比如适当支出些部门工作经费，例如20元一人的下乡补助，但是总体而言，乡镇领导人掌握的财力是极其有限的。另一部分就是项目经费。镇政府统筹项目，都是让各村各社区先报项目，由国土规划环保安监站提供业务建议，最后由县政府相关部门确定。比如，村和社区的水利项目最终都是由县水利局确定，资金拨下来之后进镇政府户头，随后由财政所进行招投标建设。①

为什么由乡镇政府来统筹项目申报，而不是分散给各个职能机构呢？在农业税改革之后，各个职能部门编制削减，工作人员较少，缺乏相应的能力和自主权去收集和审核项目。乡镇政府虽然获得了组织项目申报的权限，但是并没有随之获得相应资金的支配权。县里的项目资金有个"总盘子"，分为各个板块，用于扶贫、基础建设等。乡镇政府就根据这些板块上报项目，但是哪些项目能审核通过，乡镇政府没有太多发言权。当一些项目通过审批、上级拨付资金之后，这些资金就已经"戴上帽子"了，即这些资金必须用于规定的用途，资金支配

---

① 访谈记录20181118wsb。

权都在县以及更上级的政府手中。①

由此可见,在白圩镇这样的乡镇,县以及更上级的政府掌握着大量财力的分配权,乡镇政府发挥的是组织项目申报和组织实施的职能,乡镇财政所扮演的是审核和报账的角色,两者的自主性都受到了极大的限制。同时,在这些地方各个职能机构的职能大大弱化,乡镇各个分辖区的资金需求并不由乡镇来满足,因此,乡镇政府并不面对机构和分辖区对于资金分配竞争的压力。这样的乡镇本身就没有经济发达地区那种规制部门竞争财政资金的参与式预算需求。

第二节 支出模式的普遍性

上面提到的乡镇政府的财政支出特点是不是白圩镇特有的?白圩镇是不是具有特殊性的案例?并非如此。白圩镇只是随机挑选的一个落后乡镇,它的支出模式是大部分经济落后乡镇的典型模式。

首先,相对落后地区的政府支出很大程度上依赖转移支付,这一现象是普遍的。经济落后带来财政收入匮乏,相对落后地区较难靠自身财力负担起政府运转和基本建设的功能,因此对于转移支付有着天然的需求。就拿广西来说,广

---

① 访谈记录20181119lsj。

西长期处于财政收支不平衡的状态,而且收支差额在分税制之后更是逐年扩大(参见图9-1)。因此,广西依赖来自中央的税收返还以及各种转移支付(参见表9-2)。广西并非特例。仅从一般性转移支付来看,2016年,河北、黑龙江、安徽、江西、河南、湖北、湖南、四川等省份接受的转移支付都超过了广西。①

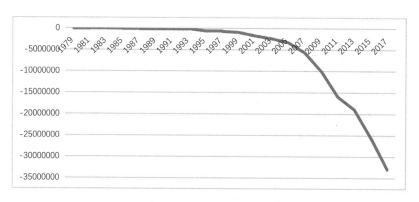

图9-1 广西历年收支差额规模(1979—2017年)

注:纵坐标为收支差额(万元),横坐标为年份。

资料来源:《广西统计年鉴2018》,http://tjj.gxzf.gov.cn/tjnj2020/2018/indexch.htm,2018。

表9-2 广西转移支付的规模(2007—2014年) 单位:亿元

	中央补助财政资金	财力性转移支付	专项转移支付
2007	567	327	202
2008	779	404	291

---

① 《2016年中央对地方一般性转移支付分地区决算表》,http://yss.mof.gov.cn/2016js/201707/t20170713_2648686.htm,登录时间:2017年7月13日。

(续表)

	中央补助财政资金	财力性转移支付	专项转移支付
2009	1001	505	353
2010	1236	600	422
2011	1598	831	618
2012	1799	981	658
2013	1875	1090	584
2014	2058	1224	569

资料来源：广西财政厅课题组：《广西财政支出情况分析——基于分税制实施以来我国五个自治区的财经数据对比分析》，《经济研究参考》2015年第65期，第22—24页。

与之相应，这些省份的各级地方政府也是依赖上级的财力补助。仍然以广西为例，自分税制向上集中财力后，广西就开始探索向下分配财政资金的转移支付。在一般性转移支付方面，在财政部《过渡期财政转移支付办法》未出台前，1994年广西拿出一定财力以"新增特困县财政困难补助"的名义对26个县进行了为期两年的补助，初步形成了由原体制固定补助、新增困难补助、专项拨款补助和税收返还等构成的转移支付体系。1996年，根据财政部的《过渡期转移支付办法》，广西出台了《广西壮族自治区过渡期转移支付暂行办法》，形成了由原体制补助、过渡期转移支付、专项转移支付、专项拨款补助和税收返还等构成的转移支付体系。1997年之后先后实施了第3轮过渡期财政转移支付方案（1997—1998年）和第4轮过渡期财政转移支付办法（1999—2000年）（郭声琨、苏道俨

2006：334-335）。2003年，广西在1996年办法的基础上，参照财政部2002年一般性转移支付办法，制定并实施了《广西壮族自治区一般性转移支付暂行办法》。从2006年起，广西财政厅参照财政部的做法，将一般性转移支付中的支持民族地区、革命老区、边境地区的资金分离出来，分别设立了民族地区专项转移支付、革命老区专项转移支付、边境地区专项转移支付。除此之外，广西各级财政部门均设立有财政专项资金，几乎所有的行政事业单位均掌握一定数额的专项资金（广西财政厅课题组：《深化广西财政资金分配制度改革研究》2015）。

其次，"省直管县"和"乡财县管"是经济落后地区普遍实施的财政制度，并非白圩县的特殊财政安排。在转移支付资金的分配过程中，一直有些问题需要加以解决，其中包括：如何让转移支付资金快速地直达真正有需求的地区？如何才能真正兜底基层政府的人员需求和基本运转？21世纪初农业税取消后，这些问题进一步凸显。在工业不发达的省份，原本农业税是县乡财政收入的一个重要来源，随着农业税减征、免征之后，县乡的财政便捉襟见肘。因此，在2004年7月5日至6日召开的全国农村税费改革试点工作会议上，时任国家总理温家宝和副总理回良玉都提出要深化省以下财政管理体制改革，积极探索建立"省直管县"财政管理体制改革试点，并在经济欠发达、财政收入规模较小的乡镇实行"乡财县管"，由县级财政保障其必要的支出。在 2004 年 8 月份召开的全国部分地区财政厅厅长座谈会上,时任财政部部长金人庆进一步肯定了"省直管县"财政管理体制和"乡财县管"模式,要求各地积极探索改革。对很多地方而言,在县级财政普遍困难的情况下,实行"省直管县"的确有助于缓解县级财政困难,有利于发挥省级财政调控功能,防止中间环节的分留、截留、挤占等现象,履行中西部县保工资、保运转的责任等。而"乡财县管"的财政体制改革也发挥了提高财政资金效率、保障基层正常运转等作用(彭汉生、黄世勇、刘家凯 2005:61-63)。2004 年之后,很多经济落后地区积极实施"省直管县"和"乡财县管"。

自 1994 年分税制财政体制改革以来,广西一直实行自治区管市、市管县的财政管理体制,但自治区对下级政府的各项转移支付补助基本上是直接测算到县(市)并通过地级市下达的。这种财政体制实质上是介于"省管市、市管县"和"省直管县"之间的一种管理模式,部分市会截留、挤占一部分转移支付,或是集中县市的财力(彭汉生、黄世勇、刘家凯 2005:68-69)。比如,有的市在部门和企事业单位的财税缴纳层级划分中出现了甩包袱现象,即有增收潜力的部门和企事业单位上划,有亏损的部门和企事业单位下划,最终造成了政府层级间财力差距的逐步扩大。从纵向看,自治区级、市级人均财力较大,县乡级人均财力较小。广西县域经济在总量、水平、结构等方面的发展都明显低于全国县域平均水平,县域财政收入增长缓慢,虽基本能维持低水平的工资发放,但对于中央、自治区以及地方新出台的各项工资政策均无力兑现(郭声琨、苏道俨 2006:194-197,338)。市政府对财力的集中更是加剧了县域财政的困难。与此同时,县乡政府要提供义务教育、基础设施、社会治安、环境保护等领域的各种公共产品,同时还要支持经济发展,维护社会稳定。60%的事权在县(市),而且这些大多属于刚性支出,基数大、增长快、无法压缩。以基础教育为例,自治区政府掌握了主要财力,但基本摆脱了支出义务教育经费的责任;县乡政府财力薄弱,却承担了绝大部分义务教育经费(肖东海、韦瑞智 2016:11-13)。因此,广西县域财政赤字问题严重,一些县域财政成为"吃饭财政"甚至是"要饭财政"。

在这种情况下以及中央政策的影响下,广西开始探索"省直管县"和"乡财县管"的改革。自 2005 年起,广西在宾阳、阳朔等 6 个县开展乡镇财政管理方式改革试点,试行"乡财县管乡用"的全新财政管理方式,即保持原来的预算管理权、资金所有权和使用权、财务审批权不变,实行"预算共编、账户统设、集中收付、采购统办、票据统管"的财政管理方式,由县级财政主管部门直接管理并监督乡镇财政的收支(孙兰 2005:46)。2007 年,财政部为推进"乡财县管"作出进一步部署,要求除财政收支规模大并具有一定管理水平的经济发达乡镇外，其余乡镇原则上都要全面推进"乡财县管"，确保2008年底以前全面实施。2007年广西将6个试点县扩大为41个县（市、区）（"广西乡财县管改革研究"协作课题组2008：22）。2008年新增"乡财县管"试点县29个（李秋洪2009：147）。至2008年，广西大部分乡镇都已经实行了"乡财县管"。

2009年广西开始推行"省直管县"财政体制改革，先在12个地区开展试点。2010年，自治区人民政府发布《关于全面推行自治区直管县财政管理方式改革的通知》，从收支划分、财政收入目标的下达和考核、转移支付、财政预决算、资金往来、财政结算等方面明确了自治区直管县财政管理方式改革的主要内容。2011年"省直管县"全面铺开。总而言之，在"乡财县管"和"省直管县"的双重改革之下，县成为广西重要的财政层级。

在这种形势下，首先，县逐步建立起规范的财政预算体系：政府预算体系不断完善，政府全口径预算体系基本建立，预算支出基础标准体系基本健全，普遍实施了部门预算，预算单位（"乡财县管"将乡镇列入县级预算单位）全部纳入了部门预算。其次，县获得了坚实的财力保障。在基本财力方面，广西从2009年起建立县级基本财力保障机制，对于财力达不到基本保障需求的县（市），以实现"保工资、保运转、保民生"为目标，由自治区财政给予补助。2009年至

2013年，自治区财政累计下达县级基本财力保障机制奖补资金170.8亿元，年均增长率达51.1%。至2013年全区已全面消除了县级基本财力缺口。在基本建设方面，广西财政还分别在农业、工业和服务业给予县级财政补助（广西容县财政局课题组2016）。

总而言之，在20世纪90年代分税制向上集中财力的趋势下，很多经济落后省份的财力分布纵向不平衡，县乡政府的基本功能需要得到上级的转移支付才能维持。在21世纪初农业税改革的趋势之下，县乡财力困境更是雪上加霜。在这种形势下，经济落后省份响应中央要求，推行了"乡财县管"和"省直管县"的财政体制改革，县成为财政的关键层级：一方面，县成为转移支付分配的关键对象；另一方面，县也负责向各个乡镇分配财政资金。因此，广西的情况并非特例，其财政安排和很多其他落后省份是相似的。白圩镇也不是挑选出来的特殊案例，而是一个代表经济落后乡镇情况的典型案例。在这样不具备可支配财力的乡镇，很难出现参与式预算改革的自发需求。

在这里值得一提的是，相对落后并不代表这些地方就不会嵌入各种理念网络。正如第四章描述的那样，国家工作人员都具备了一定的知识和文化，都有外出培训、获得智力支持的机会。白圩镇政府职能机构的普通工作人员有机会去自治区首府参加培训，领导干部更是有机会参加各级党校的学习，进行多轮外出考察。上林县的官员去过浙江、上海等地考察学习。和其他地方官员一样,他们也从不同的渠道获得新的理念、认识不同的理念提供者。只不过,白圩镇刚好没有嵌入参与式治理理念网络。如果一个类似白圩镇的相对落后的乡镇偶然嵌入了参与式治理理念网络,那么这个地方会产生参与式预算吗?四川白庙乡正好提供了一个很好的考察机会。

第十章　鲜有影响的参与：
对四川省白庙乡的考察

2010年1月24日，四川省巴中市巴州区白庙乡中心小学一个教室内，有几十位社会各界代表在热烈议论乡政府2010年的财政预算，其中一位村代表提出："还有村道路不通，小孩子在乡中心小学读书，几岁的孩子步行二三十公里上学，令人寒心啊，希望政府重视这些问题。"这是白庙乡召开的2010年财政预算公开及民主议事会上的一幕。不仅如此，这些代表还在会上票决了白庙乡2010年需要解决的三项民生问题。1月27日《巴中日报》在第三版发表了《代表票决：办群众最盼的事》的报道，详细记述了白庙乡的该次改革。这个改革看起来和北京市麦子店街道的改革有几分相似。这次改革是否说明，在经济落后的乡镇，参与式预算也是有可能的？上一章中我们看到，在经济落后、没有可支配财力的乡镇，是没有自发进行参与式预算改革的土壤的。是不是四川白庙乡的改革挑战了本书的论点？恰恰相反，这是一个刚好能说明本书逻辑的重要"反例"，即在没有可支配财力做基础的情况下，参与式治理理念网络推动的改革也没有生根的土壤，这种看似参与式的预算在形式和效果上都区别于其他地区的参与式预算，只是一种有限的参与。并且，这种参与形式很快就在当地消失了。不过，白庙乡改革的另一特色，即公开自己的预决算，产生了较大的舆论热度，该做法也延续了多年。而这也与当地缺乏可支配财力、乡镇财权小的财政特征有着很大的关系。

白庙乡位于四川省巴中市巴州区。巴州区位于四川盆地东北部，面积1294.91平方千米，下辖6个街道办事处、14个镇，以及大和、白庙2个乡。全区常住人口65.15万人。（巴中市人民政府2022-07-01）巴中市2017年地区生产总值为601.44万元，城镇居民人均可支配收入是28 286元，农村居民人均可支配收入是10 946元，均低于四川省的平均水平，在四川省21个地级市中排名第19。（巴中市统计局2019-02-21）白庙乡位于巴州区东北，属山区，下辖10个行政村，1个居委会，64个合作社，其经济发展水平和人均收入在巴州区都处于较低水平。总体说来，白庙乡和白圩镇的经济发展水平比较类似，都是经济相对落后的乡镇。

按照本书的逻辑，白庙乡应该和白圩镇一样，是不会自发去发动参与式预算改革的。但是为什么白庙乡出现了民众参与的预算议事会？这属于本书定义的参与式预算吗？其改革的来龙去脉和特征是怎样的？下面，笔者就这些问题一一解答。

第一节 理念网络推动的改革

白庙乡财政领域的改革有两个维度。第一个是 2010 年 1 月份召开的以预算公开和民众参与为特征的议事会，第二个是 2010 年 2 月初在网上公开预决算。后面这个做法使得白庙乡获得了关注，引发了诸多讨论。

议事会是于 2010 年 1 月 24 日上午 10：00—11：40 召开的。参与人员分为三类：首先是一些政府官员，比如巴中市的市委副秘书长，组织部副部长，公安民警，乡里的民政、畜牧、计生、劳动保障等站所干部；其次是人大代表、政协委员、各村居委会代表、大学生村官；最后是普通民众，比如回乡创业青年、教育工作者、退休老干部、观摩的一些学者等。总体人员规模是 72 人，其中有资格投票的是 62 名白庙乡相关人员。会议一开始，乡财政所所长先用 10 分钟时间对该乡 2009 年财政决算情况和 2010 年财政预算方案做了说明。接下来，参会人员讨论预算和希望政府操办的公益事业。其间，一共有 14 位代表发言，既有普通村民，也有村干部和乡干部，他们主要反映的议题包括：水利建设、农网建设滞后，公路硬化、缺水和吃水问题，环保、农电、新村建设未落实，支持白蜡经济，计生，因病致贫，村干部待遇等。会议发言结束后，白庙乡几位领导现场会商，提出其中 7 项工作是白庙乡

2010年要解决的主要问题。接着，乡长宣布以投票方式决定2010年白庙乡人民政府要重点解决的3个民生问题。他们当场制作和发出选票62张，收回选票60张，经过计票，得票前三位的是乡道路硬化、农网改造、农村安全饮水。巴中市委副秘书长对会议进行了点评，白庙乡党委书记做了小结（孟元新2010：77）。

值得一提的是，这个会议还向参与者提供了几个文件，其中一个是《巴中市巴州区白庙乡财政预算公众参与试行办法》（简称《试行办法》）。这个《试行办法》是试图将公众参与制度化的努力。文件结尾写道，只有经乡人民代表大会通过，并报上级政府批准之后，该文件才可以实施。其中，它规定了公众参与的四个步骤。首先是需求征集，即收集村民、村民代表和村社干部的要求和愿望。其次是确定公共事务，即在对收集起来的需求进行梳理之后，确定具有可行性的一到三件公共事务。确定方式由议事会代表来决定，议事会代表包括无职村民、无党派人士、人大代表、政协委员、专业人士，并按地理区域、经济状况和民族状况均匀分配名额。再次是领导小组办公室根据议定事项和上级财力编制预算。最后进行公示。

这个改革方式以及拟施行的《试行办法》，和前文中描述的北京麦子店街道的改革很类似，都是让民众参与到民生项目的选择过程之中。程序也很类似，首先向居民问需，然后民众代表票决几项最重要的民生项目。然而，仔细比较之后，又会发现两者有很大不同。最大的不同在于，麦子店街道的民生工程在票决时是自带资金要求的，即每个项目都有具体的规划和金额需求；不同项目之间存在竞争，民众参与真正影响了当年预算的一部分资金安排。而白庙乡的参与其实仅仅是给政府提建议，这个建议是方向型的，并没有具体的项目计划，更不涉及金额安排。并且，民众不是向本级政府提建议，而是向上级政府提建议，它事实上并不能直接影响当年的上级预算。这一点，后文将详细论述。这个改革过程中的确有民众代表参与，但并非本书界定的参与式预算，因为这种参与并不直接影响当年的预算资金安排。

不仅如此，这个乡级议事会只在这一天举办过，2011年之后就不再召开了，后来几年改为白庙乡政府在人代会上做财务报告以及在村层面让村民民主议事，让村民商议并选出本村要实施的民生工程。①这两项措施并非白庙乡独创，当地和其他省份的很多乡镇都是这么做的。也就是说，白庙乡乡级层面的公共参与办法没有最后落地。不过，白庙乡在财务开放方面走得比较远。2010年2月初，白庙乡政府在网上公示了该年1月份的开支明细表。在《2010年政府机关开支公示栏》中，整个白庙乡政府机关的各项经费支出都具体列出，其中大至上千元的公款宴请和接待，小至购买信封这样的信息都悉数公开。这件事情在网上发酵后，当年3月份开始受到媒体的广泛关

---

① 访谈记录20210708zys。

注,其中《南风窗》《人民日报》《第一财经日报》等媒体都对该事件和后续发展进行了报道,在国内引起热烈讨论。白庙乡公开财务的做法一直坚持到 2016 年底。如果对白庙乡两个改革要素的媒体和学界热度加以比较,就可以看出后者受到更多关注(参见表 10-1)。

表 10-1 白庙乡财政改革的社会热度

	学术文章	媒体报道	发表年份
民众参与相关	1	1	2010、2013
财务公开相关	14	16	2010—2013

资料来源:根据知网统计,截至 2021 年 8 月。

那么,为什么白庙乡会邀请民众提出民生项目建议?为什么白庙乡的民众参与形式和北京麦子店的很类似?根据笔者考察,当地也嵌入了参与式治理理念网络,其中一些理念提供者在两地是一样的,都是民间智库即世界与中国研究所的研究人员。世界与中国研究所主要推行的就是巴西式的参与式预算,即让民众决定一部分民生支出的具体用途。当时,世界与中国研究所在经济发达地区推动改革,该所也想探索在经济不发达、主要依靠转移支付收入的地区是否有可能推行参与式预算。世界与中国研究所的一位研究人员和中共四川省委党校的一位学者有着比较密切的联系,而白庙乡党委书记是这位党校学者的在职研究生。[①]这虽然是省委党校的研究生项目,但是具

[①] 访谈记录 20210705xh。

体的教学点设在中共巴中市委党校，因此巴中市委党校的一位副校长也获知此事加入了进来。这就是民间智库学者、党校学者与白庙乡党委书记形成参与式治理理念网络的契机。这些学者多次来到白庙乡进行考察和调研。2009年11月，学者们向地方官员提供了参与理念和具体的改革策略。2010年1月，学者们观摩了1月24日的议事会议，并进一步影响了白庙乡改革的走向。

预决算公开的制度措施，同样是参与式治理理念网络推动的结果，其理念主要来自上述省委党校和市委党校的两位学者。四川省委党校的学者是华中师范大学政治学博士毕业，当时关注新农村建设。他认为这些改革多为政府主动，农民相对被动，他希望改变这种状况，期望推动地方政府进行一些治理方面的改革。①而当时市委党校的常务副校长一直致力于推动当地财务公开，认为这是杜绝腐败、密切干群关系的有效方式。他原本想在比较富裕的部门和乡镇进行试点，但都被回绝了。他当时并没有考虑在白庙乡推动财务公开，认为这个地方过于贫穷和偏远。但是跟随四川省委党校和非官方智库来到白庙乡之后，他开始动员白庙乡领导进行预决算公开（钟欣 2010）。

为什么白庙乡党委书记愿意接受这些理念并进行改革呢？学者们总结过他面临的困境：政府公信力流失，干群关系恶

---

① 访谈记录 20210707pdp。

化；官员腐败频发，政府和社会矛盾尖锐；基础设施建设滞后、转移支付力度不够、政务透明不够等（吴晓燕、杨明 2013：84-86）。该书记期望通过财政公开来提升民众对政府的信任度，打击家族势力对于地方治理的干扰，增加地方基础设施。①除此之外，理念网络带来的额外激励或许也有些作用，比如成为学者们所描绘的改革先锋的愿景、受到媒体和学者关注带来的成就感等。这些因素共同作用，促成地方主要领导人去推动这些改革。

总而言之，白庙乡2010年的财政改革有两个维度：一是民众参与乡政府层面的民生工程议事，但并不涉及财政资金分配；二是本级预决算的公开，尤其是公务支出公开。随着时间的推移，第一个改革元素很快就淡化了，而第二个改革元素被强化。白庙乡的改革受到了参与式治理理念网络的推动。那么为什么白庙乡的改革呈现出这些特点呢？这和该地当时的财力特征有着密切的关系。

第二节　财力限制与改革特征

2009年的白庙乡是个典型的贫困农业乡。当年，白庙乡国民生产总值是6594万元，农民人均纯收入3393元。全乡总户数为2340户，总人口1.1万人，其中劳动力总数为5980

---

① 访谈记录20210708zys。

人，外出务工人员占67.2%，其余劳动力在当地从事第一产业的比例高达78.1%，其经济发展水平仅相当于巴州区平均水平的40.3%（吴晓燕、杨明2013：83-84）。

与很多相对贫困的乡镇一样，取消农业税之后，白庙乡缺乏财力来源，连公务员工资发放都出现问题，当地也因此实行了乡财区管。2005年10月，巴中市委、市政府印发了《关于进一步完善县乡财政体制的决定》，在全市范围内推行"收入统管、支出统核、预算统编、支出统付、采购统办、票据统管"的乡财县（区）管改革。截至2005年底，巴中市所有乡镇均按乡财县（区）管模式调整了财政管理体制。①即便是2014年后，当地提倡扩权强镇，但也只是用人权和事权下放，财政体制依然是乡财区管。②

这样的乡镇，财政资金状况如何呢？看一下2009年白庙乡的收支情况。2009年，白庙乡财政收入和支出都是10 005 766元，其中本级支出1 820 058元，区级划转支出8 185 708元。（李凡2010：89-90）本级支出虽然看着体量不小，但其实其中有很多是上级规定的项目和资金，只是资金划拨到乡里。白庙乡当时的财政所领导介绍道：

> 2009年看着资金量很大，但是很多都是教育、卫生这一块的资金，这由区卫生局和教育局来管理。资金划到乡

---

① 访谈记录20210719xkz。
② 访谈记录20210719rjz。

镇来，所以看着多，但乡镇没有统筹权。我们这里的项目都是区政府部门来管，比如要修水利，就是区水利局来管，乡级政府没有权力。①

乡政府有限的财权也反映在乡级预算的制定过程中。根据白庙乡的预算编制方法，区级财政负责教育、民政部门经费，而乡级预算部门只涵盖了人员经费和公用经费两部分。人员经费是按标准来确定财政金额，包括行政单位工作人员的工资福利收入（包括基本工资、津贴补贴、奖金、社会保障缴纳费等），以及对个人和家庭的支出补助（离退休人员费用、对各级村干部的补助、医疗费、住房公积金、独生子女保健费等）。公用经费按照人头来计算，2010年财政预算内在职人员的公用经费是人均8102元。换句话说，白庙乡的本级预算只是保障政府的正常运转，而民生和建设项目都是区级部门来规划。财力的有限也影响了当地政府机构的规模。当时，乡里所有的工作人员包括领导在内只有30位左右，该乡一共有十几个部门，包括财政所、农经站、林业站、农技站、国土站、计生办、民政办、文化站等。②每个站所人都不多，比如白庙乡财政所一共有3人。

正是因为这样的财力条件，白庙乡并不存在富裕地区那种部门间的财力竞争。因此从这个角度来看，当地并没有参与式

---

① 访谈记录20210714omx。
② 访谈记录20210714ly。

预算改革的潜在需求。白庙乡进行参与式的改革，更多来自学者的说服。据世界与中国研究所所长回忆，白庙乡党委书记刚开始对参与式预算改革的确有所疑虑：

> 白庙乡书记一直和我说当地主要依靠转移支付，没有啥可支配财力，因此做不了。我反复做思想工作。后来党校的学者分析了做改革的一些好处，他才慢慢改变了态度。①

也许会有人反驳说，在相对落后的地方，让百姓参与可以让上级更清楚百姓的需求，这也是发动参与式预算改革的潜在需求。然而，这种说法有两方面的问题。第一，在基层，官员和地方民众有着非常多的互动渠道，官员对于当地缺什么非常清楚。第二，非常重要的是，即使有民众参与，也很难更改资金的分配。比如，2010年议事会决定的白庙乡第一民生工程就是道路硬化。但是究竟哪个乡镇哪条道路先硬化，其实连巴州区交通局都无法决定。由于巴州区同样依赖转移支付，各个部门的项目都要向上级部门申报，因此，交通部门在做部门预算的时候，只包括人员经费、公用经费、道路养护费。虽然道路养护按照规定根据不同的道路级别划定养护责任，但是事实上区里负责各种道路的养护，已经存在巨大的资金缺口，并不具备多余的财力进行道

---

① 访谈记录20210705lf。

路建设。道路建设依靠的是上级转移支付,比如,当地各村通村路的道路硬化需求在 2005 年一次性上报给省政府,然后省政府在 10 年时间里逐步下拨资金修路。省里下划资金时,已经明确了修路的位置,巴州区交通局并没有权力来选择先修哪条路,也无法预知哪几条路当年会得到资金支持。①那白庙乡是否可以拿着议事会的决议去影响巴州区的财政预算呢?同样不能。巴州区获得的上级转移支付,其中可统筹的部分就连在职人员的工作福利和村组干部的报酬都难以保障。区级预算里也没有项目预算,虽然当地会有应急预备费和预留费,但是可供支配的是极小的一部分,多数经费要去落实上级规定的项目,没有资金去满足额外需求。②

从白庙乡实际的道路硬化过程来看,直到 2012 年,其两条出境路和村社道路共 33 公里得以硬化(幸宇 2013:83)。白庙乡道路硬化的时间和其他乡镇道路硬化的时间相差不多,比如巴州区另一个乡镇的道路也是在 2012 年硬化的。③ 而白庙乡连接各村的道路的硬化,是直到 2014 年 4 月才开始启动的(佚名 2014-04-28)。可见,道路硬化是一个循序的过程。并不因为当地百姓呼声高,就在当年一下子给予解决;也并不因为当地百姓呼声高,就完全偏向于这个乡镇。因此,当时白庙乡党委书记对于当地搞参与式预算的犹豫是可以理解的。

---

① 访谈记录 20210720by。
② 访谈记录 20210719ck。
③ 访谈记录 20210720gzz。

虽然乡镇政府没有财权限制了参与式预算在当地的真正落地，但是有利于财务的公开。巴中市委党校副校长也认为财力的限制是他推动白庙乡财务公开的重要原因：

> 我们（白庙乡）财政资金少，这是最大的特点。资金都是上级划拨的，乡镇没权说什么，划拨的资金都有规定好的用途，所以议事会没有什么意义。白庙乡的财政资金就是人员经费和工作运转经费，没有余钱。其他的项目款，比如扶贫、修路、修水库，这是不能动的。所以议事会只能让上级了解百姓的需求。但是其实每个乡镇呼声都很高，不可能因为你呼声高了，就给你多拨钱。我觉得财务公开对白庙乡反而是更合适的。①

这点也得到四川省委党校学者的认可，在他看来，白庙乡能公开自己的预决算，和当地可支配财力小有着内在的关系：

> 财政公开，对白庙乡而言，阻力不大。它财力太小，自己使用的财源不多，所以公开困难不大。我当时也动员了另外一个乡镇，它财力雄厚，让它公开，它就说不考虑了。②

由此可见，地方本级的财力状况会决定改革的特征和走向。如果理解了这一点，就可以明白在白庙乡领导没有调换的

---

① 访谈记录 20210714wgq。
② 访谈记录 20210707pdp。

情况下，当地举办了一次议事会后就不再举办，当时制定的参与办法也被束之高阁的内在原因。对于富裕的地方来说，地方主要领导发动民众参与，是为了制约下级部门，减少不同部门跟财政部门的讨价还价。对于部门领导而言，规范资金分配和使用的权力本来就在上级政府，所以上级政府根据民意来规制下级的这种改革很容易就被下级政府接受了。相反，经济落后的白庙乡让公民参与决定项目，并要求上级政府给予财政支持，而巴州区本身财力非常有限，项目安排依赖更上一级的财政转移支付，所以，这种公民参与的预算改革不仅没有用，而且很有可能让上级政府处于尴尬的境地。这得到了白庙乡一位干部的证实：

> 我们当时搞那个议事会，也是因为基础设施不足、民生项目少，想呼吁引起上级注意。我们拿着百姓意见去做汇报。但是这个议事会有个弊端，它等于拿着民意去逼上级部门了。上级部门也有自己的困难，本来就有自己的规划，资金也不足，所以2011年我们就不做了。①

总而言之，由于缺乏乡级可支配财力，白庙乡并没有邀请民众参与的内在需求。虽然在理念网络的推动下该地出现了参与议事的活动，但是与其他地区的参与式预算存在很大差别。这种议事只是有限的参与：民众代表参与议事，但是并不能影

---

① 访谈记录20210714omx。

响预算,所以当地缺乏让参与式预算生根的土壤。但正因为财力有限,它比富裕的地方更容易在公开预决算方面迈开步子,并坚持了多年。从这个角度来说,白庙乡的财政改革正好佐证了本书的观点:即便存在参与式治理理念网络,缺乏可支配财力的地区仍不能产生真正的参与式预算改革。

第十一章 结 论

从21世纪初开始,中国一些地方出现了一波财政预算改革,这些改革引入外部社会力量进入预算制定过程,走向了公开透明、自我限权的模式。财政领域的权力对于地方政府是如此重要,是什么因素让这些地方政府愿意进行革新呢?如何来解释这些地方治理中的迷思呢?常见的普遍性解释是地方领导为了维护稳定,或者为了政治晋升而主动推动,但是这些并不能令人满意地解释参与式预算改革的出现。现有理论无法说明为何此类预算改革都出现在21世纪初而非更早的时期,也不能揭示为什么地方领导启动财政领域的改革而非其他见效更快更直接的改革。本书作者认为这些好似"星星之火"的改革,反映了中国国家构建过程中的两大宏观进程:一是国家的集中化进程,在财政领域体现为财权的横向集中和纵向集中;二是国家的理性化进程,体现为政府官员受到更好的教育、培训和智力支持。正是这两大进程带来了以下因果效应:地方可支配财力的存在使得地方政府面临在部门(包括政府机构和分辖区)间合理分配财力、促使财政资金有效使用的决策困境;而参与式治理理念网络的推动使得一些地方官员选择了实行参与式预算来缓解这种困境。

具体而言,从横向上看,地方财政部门不断收紧其他部门的财权,聚拢了原本分散于其他政府部门的财政资金,也强化了对其他部门支出的控制和管理。权力的增大也为财政部门和地方主要领导带来了更大的管理责任。但是这种效应在不同地区是不同的,这和纵向集权有关系。从纵向上看,20世纪90年代以来中央集中了财政收入,能通过多种方式控制地方政府的财政支出方向。从表面上看,地方政府掌握了很多财政支出,但实质上受到很多约束。只有地方自身拥有可支配财力,而不是依靠来自上级的移转支付,地方官员才有可能推行硬性支出之外的项目。在横向和纵向集中双重效应的作用下,在那些拥有可支配财力的地方,地方主要领导和财政部门在分配财政资金时面临着更多的部门竞争压力,也担负着促使财政资金合理有效使用的监管责任。地方主要领导或是受地方主要领导支持的财政部门将民众参与引进来、援引民意以规制部门预算行为的改革是疏散这些压力和降低决策风险的有效方式之一。与此同时,这些参与式预算改革并不会带来无序的民众参与,挑战地方政府的权力而有损于地方治理,这是一种掌控中的改革。不过,并非所有拥有可支配财力的地区都产生了参与式预算。这与国家建构的第二个进程有关系。

20世纪80年代以来,中国的国家治理体系迈向理性化,即越来越强调知识化和专业化对于国家工作人员的重要性。国家工作人员通过文凭准入、在职培训、获取外部智力支持等方式变得越来越职业化。这种国家机构的自我理性化却并不意味着非正式关系的消散，反而使官员有更多机会接触到各种理念提供者，形成各种理念网络。一地形成的理念网络，会塑造官员对自我利益的认知以及形成相应的选择策略，还会给改革带来额外的激励。参与式预算就是应对可支配财力分配压力之下特定理念网络发挥作用的结果。简而言之，只有当一个地方拥有可支配财力，并且当地嵌入了参与式治理理念网络，这个地方才会产生参与式预算改革。两个原因缺一不可。中国的地方官员进行一定的治理创新，很大概率是为了解决自己面临的结构性问题；但即便面临类似的问题，官员们仍然可以做出多种选择，而不是只能趋向于一种办法，具体做出哪种选择受到所在理念网络的限制。

本书一共选择了两组案例来说明这个观点。第一组的三个案例，即浙江泽国镇、上海闵行区、北京麦子店都出现了参与式预算改革，虽然这些改革出现在不同时间、不同地方和不同政府层级，它们的具体模式有所差别，但是背后的逻辑是一致的，即可支配财力和参与式治理理念网络催生了参与式预算改革。第二组的三个案例是根据可支配财力和参与式治理理念网络的有和无进行选择的，加上第一组案例中的浙江泽国镇，正好涵盖了自变量的四种变化组合。这些案例表明，可支配财力和参与式治理理念网络共同促成了参与式预算，两者缺一不可。对于这些案例的归纳和总结,具体请参见表11-1和表11-2。

表11-1 第一组案例的具体比较

	可支配财力	理念网络中的理念提供者	理念网络中的理念	参与式预算改革初期的特征
浙江泽国	有	具有海外背景的中外学者	审议和协商民主:对西方发达国家民主制度的反思	随机选择代表,协商选择城建项目
上海闵行	有	大学和官方智库学者	激活人大监督:对优化中国本土制度的思考以及对西方较好做法的借鉴	激活人大,让人大代表和公众代表审核若干预算项目
北京麦子店	有	非官方智库学者	巴西参与式预算:对发展中国家创新实践的引进	邀请区域代表,选择民生项目

表11-2 第二组案例的具体比较

	可支配财力	参与式治理理念网络	结果
浙江泽国	有	有	参与式预算改革:政府引入外部力量审议和影响预算
江苏张浦	有	无	有限的参与:主要是预算部门的参与,没有引入外部社会力量
广西白圩	无	无	没有参与式预算
四川白庙	无	有	有限的参与:有外部社会力量参与,但不直接影响预算

需要注意的是,书中所提到的参与式预算的三种模式,在现实中有更丰富的表现。例如,就非随机邀请公众代表这一模式而言,焦作市财政局主导的参与式预算有三个层面的邀请:

首先,在全市预算草案形成之前,财政部门将各部门提交的专项资金项目申请在网上公布,接受市民的意见和网络投票。其次,在全市预算草案制定完成,准备递交市委市政府最后审议之前,财政局从财政决策咨询委员会和专家库中选择专家对专项资金申请部门的项目进行当面质询和论证。最后是财政局主导的社会听证会,以邀请和报名等方式引入专家、民众代表、人大代表等针对财政专项资金项目展开讨论(赵早早、杨晖 2014:44-45;朱芳芳 2018:184-185)。这一改革是时任焦作市财政局局长发起的,他坦言改革的原因也是部门之间的经费分配问题,部门会夸大预算,互相攀比,预算民主是对这个压力的一种释放。① 而当地采用参与式预算这一形式,是因为这位财政局局长和中国财政科学研究院联络较多,后又经当地党校校长引荐,与正在推广参与式预算的国家级智库中国发展研究基金会有了密切的联系,形成了参与式治理理念网络。② 不过,随着焦作市能源枯竭、人口外流、经济下行等情况造成可支配财力下降,有些改革,比如专家论证和社会听证会,在进行了两三年后就陆续停止了。③

总而言之,这些正面和反面的案例结合在一起,验证了本书的核心观点:在可支配财力带来的分配压力之下,如果一地嵌入了参与式治理理念网络,该地就会出现参与式预算改革。

---

① 访谈记录 20171218sxc。
② 访谈记录 20170113zsk。
③ 访谈记录 20171219rjz。

接下来，还有两个问题需要加以探讨。第一个问题是，在那些拥有可支配财力，但又没有参与式治理理念网络的地区，地方政府是否有其他办法去缓解财力分配的压力？第二个问题是，参与式预算的走向如何？它具体包括两个小问题：已有的模式有着怎样的发展？各地方会延续对参与式预算的模式创新吗？本章第一节回答了第一个问题，通过对一个案例的简单分析表明，其实地方政府有很多其他方法来缓解财力分配的困境。第二节试图解决第二个问题。第三节简单探讨本研究带来的启示与存在的不足。

第一节 缓解财力竞争的其他解法

对于化解财力分配的难题，参与式预算只是地方政府的解法之一。除此之外，很多地方政府已经发展出了其他一些做法。海南省演丰镇的制度变迁很好地说明了这一点。随着可支配财力从无到有，演丰镇发展出了一套分配财力的制度。

演丰镇，位于海南省海口市美兰区，占地面积119.78平方千米，以种植、养殖、禽畜、服务（休闲观光）等为支柱产业。2014年之前，演丰镇并没有独立的财政预算核算体系。与白圩镇和白庙乡一样，在财政体制上，它是区里的一个部门。海口美兰区财政全额拨款，兜底乡镇运转的需要。美兰区一年给予乡镇的经费有200多万元，去掉人员工资、运行费用和水电费用,只剩100多万元的经常性经费。镇长根据支出方向来使用财政资金,比如在党政、民政、安全生产、环境治理、扶贫、维稳等方面,镇长有财政资金的审批权。但是,每个支出方向都有定额,不能随便支出;必须根据年初确定的用途使用资金;如有调整需要上报美兰区政府。①事实上,100多万元是不够镇里开销的,演丰镇只能向职能局和美兰区申请更多的经费。镇政府想要修水利或者修条路,都需要社会民众报上来相应项目,由镇向区相关职能局报告,再由职能局开会决定,之后报财政部门,而涉及资金多的项目还要报海口市人大常委会。

2012年,海口市选择若干乡镇作为计划单列镇,以此来缩小城乡差距,推进城乡统筹发展。其中,演丰镇入选该市第一批计划单列镇和统筹城乡示范镇。2013年6月,演丰镇成立统筹城乡综合配套改革工作领导小组,启动演丰镇改革建设工作。至2014年,演丰镇"强镇扩权"下达的68项权限已基本实现承接过渡,并正式运作;区与镇财政管理体制改革完成,2014年起演丰镇开始实行独立的财政预算核算。它不再是区的一个部门,而是有了独立的财权。区里的预算报告不再包含演丰镇,该镇享有统筹机动权,自己制定预算,并经过本级人大审核和通过。除此之外,演丰镇在2017年还拥有了全海南第一个镇级独立国库。在具体财政制度上,演丰镇改革之后实行分税制,四级分成。和区里的分成比例是三七分,区里拿

---

① 访谈记录20190125fhj。

三成，镇里拿七成。经过这样的改革，可供演丰镇支配的财政资金比之前翻了数倍。以2018年为例，演丰镇财政收入规模为3000多万元，其中2000万元用于保障人员经费。去掉这些经费之后，演丰镇可统筹使用的财力为1440万元。①

随着演丰镇拥有了可支配财力，各部门和乡村报来的项目也随之增多，该镇是如何进行抉择的呢？面对琳琅满目的项目，镇领导班子会如何选择应该做哪些项目或者先做哪些项目呢？演丰镇的方法是建立项目库。为了避免意见纷争，演丰镇先让部门和村里按轻重缓急排好项目顺序。比如一个乡村报来10个项目，那么需要让这个村确定最急需解决的2个项目。在项目入选项目库之前，分管领导会专门去考察所报项目的实际情况。在项目入选项目库时，镇政府会组织会议，村和部门干部也需要参加。会议要求过程公开透明，项目按照轻重缓急排序，进入项目库。到了具体项目选择之时，镇政府会根据预算的额度在项目库里挑选，一般是以召开镇的领导班子会议或领导班子扩大会议的形式来进行。

对于这些制度变化，一位参与了这些制度建设过程的演丰镇领导表示，可支配财力的增多，意味着政府决策压力大、出错风险高，所以就需要各种制度建设，比如进行集体讨论、建立项目库等，以及加强财务管理、审计、工程监理等。②这个镇

---

① 访谈记录20190124zl。
② 访谈记录20190125lym。

所使用的这些方法,其他拥有可支配财力的地区都在或多或少地使用。集体讨论可以分散决策压力、减少腐败;项目库采取项目排队的方式可以缓解资金竞争压力;加强财务管理、审计等方法是通过对执行进行监督来减少部门最初对资金的不合理要求,以及促进财政资金的有效使用。这些方法虽然没有引起学界和媒体的大量关注,但却是地方政府更多使用的方法。

当然,除了地方政府的实践,中央层面推动的制度变革更能从根本上缓解这种财力分配的困境。比如,2018年《中共中央 国务院关于全面实施预算绩效管理的意见》发布,明确要求中国要在3—5年时间内建成"全方位、全过程、全覆盖的预算绩效管理体系",各级财政部门建立绩效评价结果与预算安排和政策调整的挂钩机制。自此,各部门财政收入最大化的动机将被削弱,而高效利用财政资金的压力增加。总而言之,参与式预算只是有些地方政府在有限时间内缓解财力分配困境、促进资金有效使用的方式之一。

第二节 参与式预算的前景

参与式预算改革的前景如何?具体而言,已有的各地参与式预算改革实践会如何演变?今后各地会有更多的参与式预算创新改革吗?要回答这些问题,需要看地方实践和顶层设计的互动。2013年之后,预算方面的改革从各地创新实践阶段转向了顶层设计阶段。正如一些学者总结的那样，中央决策者鼓励地方官员想出解决问题的新方法，并将地方经验反馈到全国的决策过程，地方从下而上地起改良作用（Ang 2016；Grindle 2008）。之前地方自主创新的一些要素被吸收进了现有的制度和规定，现有制度就会得以优化。在这个过程中，一个趋势是激活人大、在人大的框架下引入其他外部社会力量。

从法律地位上来说，人民代表大会是人民行使权力、监督政府的载体。我国《宪法》规定，中华人民共和国的一切权力属于人民。人民行使国家权力的机关是全国人民代表大会和地方各级人民代表大会。国家行政机关、审判机关、检察机关都由人民代表大会选举产生，对它负责，受它监督。从20世纪末开始，人大的监督职能逐步强化，尤其是在财政方面。马骏和林慕华（2012）2011年对全国38个有立法权的城市进行了问卷调查，发现城市人大的预算监督职能虽然有强弱之分，但是都从程序性监督迈向了实质性监督。人大对预算的审查职能在2013年后得到强化。

2013年，党的十八届三中全会召开，会议通过了《中共中央关于全面深化改革若干重大问题的决定》（简称《决定》）。在深化财税体制改革方面，《决定》要求实施全面规范、公开透明的预算制度。审核预算的重点由平衡状态、赤字规模向支出预算和政策拓展。在加强社会主义民主政治制度建设方面，《决定》提出要健全人大讨论、决定重大事项制度，各级政府重大决策出台前向本级人大报告；加强人大预算决算审查监督、国有资产监督职能；落实税收法定原则。2014年，全国人大通过修订后的《预算法》，将《预算法》的立法目的从"帮助政府管钱袋子"转向"规范政府钱袋子"，明确了预算报告初步审查制度，建立了人大对预算、预算调整、预算执行、决算的审查监督机制。2017年3月，全国人大常委会通过《关于建立预算审查前听取人大代表和社会各界意见建议的机制的意见》。2017年7月，全国人大要求推进地方人大开展人大预算联网监督工作，实现财政部门和人大的实时互联互通。2018年3月，中共中央办公厅又印发了《关于人大预算审查监督重点向支出预算和政策拓展的指导意见》，提出人大对预算和政策进行全口径审查和全过程监管，强化对资金使用绩效和政策实施效果的关注（樊丽明等 2020：144-154）。2019年开始，我国倡导建设全过程人民民主，以人大为主体的多方位参与和监督就是其中一个关键环节（程竹汝等 2021）。由此可见，在各级政府层面，激活人大，以人大为主体、允许社会各界参与的财政监督模式已经得到官方认可和推广。

总而言之，一方面地方政府在缓解财力竞争方面已经发展出了很多现成的做法，绩效预算的逐步推开更使得各部门失去了财政收入最大化的动机；另一方面，2013年后财政监督和审查的顶层设计逐步浮现，中国参与式预算改革由各级政府自主创新和摸索的时代已经结束。各地政府基本都会沿着现有的顶层设计或是按照已有模式去开展。在知网收录的报纸中，从 2001 年至 2020 年的报道中，篇名含有"参与式预算"的报道从 2013 年后明显减少（图 11-1）。

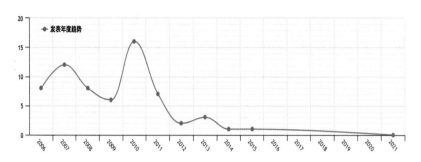

图 11-1 篇名包含"参与式预算"的报纸报道数量（2001—2020 年）
注：纵坐标是发表篇数，横坐标为年份。
资料来源：知网可视化分析，2001—2005 年的报道数量为 0。

最后，顶层设计对已有的参与式预算模式有什么影响吗？这里举一个例子来说明。从 2017 年开始，中国各地开始流行一种人大代表票决实事工程的做法。2017 年中共中央印发《关于健全人大讨论决定重大事项制度、各级政府重大决策出台前向本级人大报告的实施意见》。各个地方迅速出台各种政策措施落实这一意见。其中，人大代表票决民生实事工程是多地为落实这一意见推广和采用的方式。其实，这种做法并不新颖，它最先出现于 2003 年的上海惠南镇。

2003 年，惠南镇合并了周边的黄路镇。两镇发展水平差距较大，为了能够迅速让两镇融合，惠南镇政府想让财力向刚并入的、稍微落后的黄路镇倾斜，但怕引起老惠南镇民众的不满,所以让两镇数量相当的人大代表介入。①具体程序是,人大代表通过各种方式收集社会需求,经政府各部门和镇办公会从中反复研究和筛选出一些项目后,由人大代表对其投票和排序,最后由党委政府根据排序决定选择哪几项。②最终结果是,"人大代表选出来的刚好就是政府本来就想做的"③。由此可见,这个改革同样是财力分配的困境导致的,不过当地在改革之初并没有嵌入参与式治理理念网络,这是一种自我探索的改革。因此,它更为谨慎,并没有引入外部的公众力量。这个改革的特点是通过扩大参与范围以体现民意,操作流程比较简单,政府运作的灵活度也相对较大。由此便不难理解为何这种改革在2017年后在顶层设计的推动下大为流行。

2018年,和很多地方政府一样,浙江省要求在全省市、县、乡(镇)三级人大全面落实民生实事项目人大代表票决制。这个改革的任务也落到了较早推行参与式预算改革的泽国镇。2018年,泽国镇财政预算协商恳谈会挂出的横幅和以往不太一样,在"财政预算"下面还加了同样字号的六个字:民生实事项目。泽国镇一位领导说:"这事我们十几年前就做过了,当时就做得很细致很科学。现在省里要求这么做,我们就结合着要求和现在的财政预算恳谈会一起做了。"④顶层设计会

---

① 访谈记录20210701xqg。
② 访谈记录20210702gs。
③ 访谈记录20210701xqg。
④ 访谈记录20180125lyb。

慢慢影响和统一已有的自主创新。最终，地方上涌现的自主创新会慢慢合流于中国政治发展的洪流。

第三节 启示与不足

关心中国的学者常常热烈讨论的话题是：中国政治发展的前路如何？推动中国政治发展的力量何在？本书对参与式预算改革的考察，在两个方面可能对该争论有所启发：首先，在中国，更有可能推动政治发展的是理念提供者和政府中的官员，而非以往学者（如 Dickson 2000, 2003; Tsai 2005）关注的商业力量。其次，政治发展并非只有一条路，中国的政治发展路径是自己摸索和创造的。理念引发的变革是嵌入和服务于现有政治结构的，理念提供者必须要和官员联动，形成各种理念网络以发挥作用。理念众多，但真正能为中国各级政府官员接受和运用的，是那些能化解他们实际困境的理念。正如葛维茨（Gewirtz 2017）认为的那样，中国的决策者有着很强的技巧来探索、学习、阐释、过滤和运用国外的理念。而引入的理念和创新都是能让现有政治体系更顺利地运转的，而且最终会融于并优化这个体系。

本书对我国参与式预算源起的研究表明，这类改革的兴起是为了化解科层集中决策中的困境。权力的有效集中和民众的广泛参与是一体两面的。权力集中才需要广泛的民主参与来提供有效的信息和广泛的监督，实现对不同部门的合理制衡以及降低权力集中带来的决策风险。而民众的广泛参与也需要权力的有效集中来保障民生项目的落实。

另外,对中国参与式预算的考察也对制度扩散有着新的启示。首先,参与式预算改革在中国大地只是星星之火,并没有形成燎原之势。这说明有些政策创新在本质上是基于本地情况而产生的。各个地方具体情况不一样,这就注定了部分政策创新无法扩散和推广。如果以此为基准进行思考,现有关于政策创新讨论的不足也自动展现:在归纳创新扩散的原因和机制之前,首先应该问的是为什么某些特定的创新能扩散。在方法论上,一些学者选择的案例都是扩散成功的,而忽略了那些没有扩散或者没有扩散成功的案例,因此所得结论存在幸存者偏差。值得指出的是,随着现代国家体系在全球的扩散,世界各地大多实行了源自欧洲的现代国家形式,国家以下也类似地设置了省、邦、州等单位。但是称谓上的类似,并不代表实质性的相同。不同路径下形成的现代国家是多样的,这种多样性为政策扩散设置了很大的障碍。正如中国各省区市都有乡镇,但是乡镇的权力和财力差异很大,这就使得参与式预算在中国只能是"星星之火"。

其次,在很多现有的政策扩散讨论中,扩散主体比较模糊,缺乏对行为体动机的详细考察。政策扩散并非一个自然而然的过程,一些政策和理念会比另一些政策和理念传播得更为顺利,其原因在于国内行为体的作用(Acharya 2004)。政策扩散很难脱离国内行为体的作用而获得成功(Jacoby 2006)。而很多现有的研究将扩散主体简单定义为国家或地方政府，它们被视为同质的个体，或者是受理念驱动，或者是受竞争压力驱动，忽视了国家和地方政府中人的作用，没有认真考察这些行为体引入新理念、新政策的内在动机。正如参与式预算在中国的发展展示的那样，参与式预算赋权于民的价值固然可贵，但是其被引入并非仅仅因为民主价值，还有政治行为者的现实考虑。另外，解决问题并非只有一种办法，不同地方会产生表面差异较大，但内在功能类似的政策。

必须承认的是，本书还存在着两个不足。第一个不足在于对自变量的处理。对于可支配财力和理念网络，本书均对其进行了定性测量，即做了有和无的区分。基于此，本书做了初步的因果机制探索。而这两个变量无疑可以采用更多样化的取值，用定序测量将更为精确。当可支配财力上升，部门对资金的竞争程度是上升还是下降，还是呈现倒 U 形的变化？理念网络的关系强弱，会如何影响地方改革？更为精细的机制值得去发掘。第二个不足是，本书依赖的是定性研究，虽然试图用案例比较方法来提升结论的可靠性，但是如果有定量方法或是实验方法来进行三角验证，结论将更为可信。不过，要验证本研究的观点，无论是使用定量方法还是实验方法，都需要一定数量的地方主要领导或财政部门领导参与，这无疑会大大增加研究的难度。总而言之，本书只是做了初步的探索，其结论有待于进一步研究的深化、补充或挑战。

参考文献

安秀梅：《中央与地方政府间的责任划分与支出分配研究》，中国财政经济出版社 2007 年版。

巴中市人民政府：《巴州区区划人口》，http://cnbz.gov.cn/zjbz/bzgk/qhrk/7745881.html，2022-07-01。

巴中市统计局：《巴中统计年鉴 2018》，http://tjj.cnbz.gov.cn/tjsj/tjnj/14351901.html，2019-02-21。

蔡定剑：《公共预算改革应该如何推进》，《人民论坛》2010 年第 5 期。

蔡定剑：《每个人都是改革的缔造者：蔡定剑论民主、法治与人权》，法律出版社 2011 年版。

蔡晓莉：《中国乡村公共品的提供：连带团体的作用》，《经济社会体制比较》2006 年第 2 期。

陈家刚：《参与式预算的理论与实践》，《经济社会体制比较》2007 年第 2 期。

陈家喜、汪永成：《政绩驱动：地方政府创新的动力分析》，《政治学研究》2013 年第 4 期。

陈硕：《从治理到制度：央地关系下的中国政治精英选拔，1368—

2010》，复旦大学经济系工作论文，2015年。

陈穗红：《走出基层预算改革的第一步》，《社会科学报》2011年3月24日，第2版。

陈统奎：《从议事到议财的转变：上海闵行区公共预算改革观察》，《南风窗》2011年第5期。

陈鑫：《基层财政民主管理探索：现状、不足与对策——基于昆山市张浦镇试行"参与式"预算的分析》，苏州市财政局：《探索与实践：2011年苏州财政改革与发展优秀论文选》，中国财政经济出版社2012年版。

陈学：《进一步加强地方财政管理工作的职权》，《财政》1956年第1期。

成章：《目前地方财政管理中存在的几个问题》，《财政》1957年第7期。

程国琴：《参与式预算：新时代政府治理的法治进路》，法律出版社2019年版。

程竹汝等：《全过程人民民主：基于人大履职实践的研究》，上海人民出版社2021年版。

戴辉礼：《邓小平与中国现代国家构建》，《学习论坛》2015年第3期。

杜放、叶前：《"政绩工程"如何收场？——全国663个"形象工程""政绩工程"被叫停》，http://news.xinhuanet.com/politics/2014-10/14/c_1112823898.htm，2014-10-14。

樊丽明等:《中国政府预算改革发展年度报告2019:聚焦中国人大预算监督改革》,中国财政经济出版社2020年版。

范学恕:《建立财政第二预算的实践与思考》,《财政》1995年第10期。

费孝通:《中国绅士》,惠海鸣译,中国社会科学出版社2006年版。

冯军旗:《中县干部》,北京大学博士学位论文,2010年6月。

福山:《政治秩序与政治衰败:从工业革命到民主全球化》,毛俊杰译,广西师范大学出版社2015年版。

傅勇、张晏:《中国式分权与财政支出结构偏向:为增长而竞争的代价》,《管理世界》2007年第3期。

高亮亮:《闵行诞生人大首例预算草案修正案》,《上海人大月刊》2012年2月。

高培勇等:《完善预算体系 加快建立现代预算制度》,《中国财政》2015年第1期。

高培勇、汪德华:《"十三五"时期的财税改革与发展》,《金融论坛》2016年第1期。

耿曙、庞保庆、钟灵娜:《中国地方领导任期与政府行为模式:官员任期的政治经济学》,《经济学(季刊)》2016年第3期。

谷孟群:《关于预算外资金的管理问题》,《财政》1980年第3期。

顾宏平:《从闵行实践看地方人大预算审查监督能力建设》,《财政研究》2011年第3期。

广西财政厅课题组:《深化广西财政资金分配制度改革研究》,《经济研究参考》2015年第41期。

广西财政厅课题组:《广西财政支出情况分析——基于分税制实施以来我国五个自治区的财经数据对比分析》,《经济研究参考》2015年第65期。

广西南宁市上林县人民政府:《2017年主要经济指标统计数据报告》,http://www.shanglin.gov.cn/sj/tjsj/t1405382.html,2018-02-08。

广西南宁市上林县人民政府:《上林县人口民族》,http://www.shanglin.gov.cn/slgk/qhrk/t520451.html,2018-06-04。

广西容县财政局课题组:《加强广西县级财政管理的研究》,《经济研究参考》2016年第5期。

"广西乡财县管改革研究"协作课题组:《广西乡财县管改革研究》,《经济研究参考》2008年第11期。

郭声琨、苏道俨:《加快广西财政收入增长》,广西人民出版社2006年版。

国家统计局:《中国统计年鉴2018》,http://www.stats.gov.cn/tjsj/ndsj/2018/indexch.htm,2018。

哈尔西:《追寻富强:中国现代国家的建构,1850—1949》,赵莹译,中信出版社2018年版。

哈耶克:《通往奴役之路》,王明毅等译,中国社会科学出版社1997年版。

何包钢:《协商民主:理论、方法和实践》,中国社会科学出版社 2008 年版。

何包钢:《近年中国地方政府参与式预算试验评析》,《贵州社会科学》2011 年第 6 期。

何包钢、王春光:《中国乡村协商民主:个案研究》,《社会学研究》2007 年第 3 期。

胡定荣:《岳阳:收费实行统一管理》,《财政》1995 年第 6 期。

胡家勇等:《浙江省温岭市泽国镇经济社会调研报告》,中国社会科学出版社 2008 年版。

黄冬娅:《转变中的工商所:1949 年后国家基础权力的演变及其逻辑》,中央编译出版社 2009 年版。

黄佩华、迪帕克等:《中国:国家发展与地方财政》,中信出版社 2003 年版。

贾西津:《参与式预算的模式:云南盐津案例》,《公共行政评论》2014 年第 5 期。

监督检查局:《防治大气污染必须堵住资金流失漏洞——关于中央大气污染防治专项资金检查典型案例的通报》,http://jdjc.mof.gov.cn/zhengwuxinxi/jianchagonggao/201612/t20161212_2479741.html,2016-12-12。

江苏全面小康研究课题组:《新苏南模式及其对建设全面小康社会的意义》,《江苏社会科学》2006 年第 2 期。

江昼:《苏南经济发达乡镇"扩权强镇"改革必要性的实践探索

——以昆山市张浦镇"扩权强镇"改革试点为例》,《生态经济》2014年第7期。

靳继东:《预算政治学论纲:权力的功能、结构与控制》,中国社会科学出版社2010年版。

孔凡义、涂万平:《精英角色与地方政府创新——以昆山张浦镇行政体制改革为例》,《天水行政学院学报(哲学社会科学版)》2017年第6期。

寇延丁、袁天鹏:《可操作的民主:罗伯特议事规则下乡全纪录》,浙江大学出版社2012年版。

昆山市人民政府:《2018年统计年鉴》,http://www.ks.gov.cn/kss/tjnj/202003/cbcf1618c2994278bc25355fd4b1b635.shtml,2020-03-25。

李凡:《协商民主在中国》,世界与中国研究所,2014年7月。

李丹:《中国基层民主发展报告(2010)》,群众出版社、中国人民公安大学出版社2010年版。

李蒙:《在全国人大工作期间的蔡定剑》,《炎黄春秋》2011年第3期。

李强:《从现代国家构建的视角看行政管理体制改革》,《中共中央党校学报》2008年第3期。

李秋洪主编:《广西年鉴》,广西年鉴社2009年版。

李毅:《北京:加强新时代街道财政体制建设》,《新理财》2019年第9期。

郦菁：《中国政策研究的困境——对智库建设运动之反思》，《社会科学文摘》2016年第5期。

联合国人居署、城市社区参与治理资源平台：《参与式预算72问》，中国社会出版社2010年版。

林慕华：《参与式预算中的群众议事员：舞台、角色与演绎——基于盐津案例的实证研究》，《公共行政评论》2014年第5期。

刘斌：《基于公共预算构建的我国参与式预算研究》，中国财政经济出版社2019年版。

刘廷飞、黄秋霞：《记者观察 | 深层治理园林绿化领域腐败》，https://www.ccdi.gov.cn/toutiao/202109/t20210909_249758.html，2021-09-09。

刘小宁：《通过民主协商为民办实事——基层党政群共商共治模式的研究》，《中国政协理论研究》2014年第2期。

刘星红等：《蔡定剑访谈录》，法律出版社2011年版。

刘妍：《基于研究的教育政策制定过程：财政性教育经费占GDP4%的政策分析》，《北京大学教育评论》2011年第2期。

刘洲：《参与式预算法治化研究》，科学出版社2015年版。

卢梭：《社会契约论》，何兆武译，商务印书馆2005年版。

栾晓峰：《公共预算：权力、体制与文化》，社会科学文献出版社2015年版。

罗春梅：《地方财政预算权与预算行为研究》，西南财经大学出版社2010年版。

马蔡琛：《现代预算制度的演化特征与路径选择》，《中国人民大学学报》2014年第5期。

马蔡琛、李红梅：《参与式预算在中国：现实问题与未来选择》，《经济与管理研究》2009年第12期。

马翠军：《中国行政层级关系微观研究》，河南人民出版社2016年版。

马得勇：《中国乡镇治理创新：10省市24乡镇的比较研究》，南开大学出版社2014年版。

马海涛、刘斌：《参与式预算：国家治理和公共财政建设的"参与"之路》，《探索》2016年第3期。

马骏：《中国公共预算改革：理性化与民主化》，中央编译出版社2005年版。

马骏：《中国预算改革的政治学：成就与困惑》，《中山大学学报（社会科学版）》2007年第3期。

马骏、侯一麟：《中国省级预算中的非正式制度：一个交易费用理论框架》，《经济研究》2004年第10期。

马骏、林慕华：《中国城市"钱袋子"的权力：来自38个城市的问卷调查》，《政治学研究》2012年第4期。

马卿：《中国政府决策的机构支持——以政策研究室为例》，《决策与信息》2015年第15期。

麦克甘：《中国智库：政策建议及全球治理》，唐磊、蒋岩桦译，《国外社会科学》2013年第3期。

孟元新：《巴山深处阳光财政的一线曙光》，李凡：《中国基层民主发展报告（2010）》，群众出版社、中国人民公安大学出版社2010年版。

牛美丽：《中国地方政府的零基预算改革：理性与现实的冲突和选择》，中央编译出版社2010年版。

彭汉生、黄世勇、刘家凯：《创新广西财政工作探索》，广西人民出版社2005年版。

渠敬东、周飞舟、应星：《从总体支配到技术治理——基于中国30年改革经验的社会学分析》，《中国社会科学》2009年第6期。

任玉岭：《中国智库》，红旗出版社2011年版。

戎子和：《十年来的我国财政》，《中国财政》1959年第18期。

沙安文：《参与式预算》，庞鑫等译，中国财政经济出版社2013年版。

沈鲁青：《对财政支持昆山城乡一体化的思考》，《农村财政与财务》2011年第2期。

沈勇、程文浩：《中国MPA教育：十年总结与未来展望》，《清华大学教育研究》2009年第3期。

史雪莲：《上海市闵行区2010年部分预算项目初审听证会过程观察》，李凡主编：《中国基层民主发展报告（2010）》，群众出版社、中国人民公安大学出版社2010年版。

宋新中：《当代中国财政史》，中国财政经济出版社1997年版。

苏振华：《参与式预算的公共投资效率意义——以浙江温岭市泽国镇为例》，《公共管理学报》2007年第3期。

孙兰：《广西：乡镇财政改革试行》，《中国经济周刊》2005年第8期。

孙珠峰、胡伟：《中国党政官员学历变化和代际更迭研究》，《学术界》2012年第3期。

汤坤：《结果导向的政府绩效预算改革研究》，《合作经济与科技》2013年第22期。

仝志敏：《社会主义国家干部管理体制改革》，光明日报出版社1988年版。

汪玮、周育海：《多重逻辑下的制度变迁：一个案例的探析》，《浙江社会科学》2013年第9期。

王建华：《江苏省昆山市张浦镇志：1989—2008》，江苏人民出版社2015年版。

王瑞珠、徐盛红：《深化街道财政体制改革的建议》，《北京财会》2003年第1期。

王绍光：《分权的底限》，中国计划出版社1997年版。

王绍光、胡鞍钢：《中国国家能力报告》，辽宁人民出版社1993年版。

王婷婷：《论参与式预算实施的现实瓶颈及其在我国的构建——兼谈我国<预算法>的修改及完善》，《政法学刊》2013年第1期。

王炜、朱琦:《预算监督改革:打造阳光财政——闵行区人大常委会探索公共财政预算监督改革试点》,《上海人大月刊》2008年第2期。

王小平:《走出县级财政困境的对策》,《中国财政》2000年第4期。

王逸帅:《地方人大财政预算初审及其推进模式的实证研究》,《探索》2017年第3期。

王逸帅:《参与式治理的兴起——地方人大公共预算监督问责的模式与实践》,复旦大学出版社2020年版。

王子英:《健全财政制度 巩固财政纪律》,《财政》1957年第4期。

王自亮、陈卫锋:《参与式预算与基层权力关系的重构——基于浙江省温岭市新河镇的个案研究》,《地方财政研究》2014年第4期。

威尔达夫斯基、凯顿:《预算过程中的新政治学(第四版)》,邓淑莲、魏陆译,上海财经大学出版社2006年版。

韦伯:《经济与社会》,林荣远译,商务印书馆1997年版。

吴慧芳、周行君:《人大监督权实质化的可能路径——上海闵行人大监督听证的探索与实践》,《上海人大月刊》2014年第Z1期。

吴乐珍:《协商民主理论与中国地方民主的实践——国际学术研讨会综述》,《浙江社会科学》2005年第1期。

吴睿鸫:《期待早日揭开土地出让金的神秘面纱》,《中国财政》

2008年第10期。

吴晓燕、杨明:《倒逼的"全裸":基层政府走向财务公开的原因及路径探索——基于四川省巴中市白庙乡的调查》,《中国农村研究》2013年第2期。

项皓:《全民提案与全民决议:海口美兰区参与式预算的制度创新》,《兰州学刊》2019年第5期。

肖东海、韦瑞智:《促进广西县域经济发展的财政政策研究——基于自治区财政的视角》,《经济研究参考》2016年第29期。

谢旭人:《中国财政改革三十年》,中国财政经济出版社2008年版。

辛多默、赫茨贝格:《参与式预算:一个全球视角》,辛多默等:《亚欧参与式预算:民主参与的核心挑战》,上海人民出版社2012年版。

辛向阳:《大国诸侯:中国中央与地方关系之结》,中国社会出版社2008年版。

幸宇:《参与式预算的评析——以四川省巴中市白庙乡财政预算公开及民主议事会为例》,《理论与改革》2013年第3期。

徐建阳:《调整基建必须整顿和压缩预算外投资》,《财政》1981年第4期。

徐颂陶:《中国公务员制度》,商务印书馆(香港)有限公司1997年版。

徐湘林:《后毛时代的精英转换和依附性技术官僚的兴起》,《战略与管理》2001 年第 6 期。

徐珣、陈剩勇：《参与式预算与地方治理：浙江温岭的经验》，《浙江社会科学》2009 年第 11 期。

许纪霖：《中国知识分子十论》，复旦大学出版社 2003 年版。

杨国斌：《城乡社区治理中实施参与式预算对策研究》，中国农业科学技术出版社 2015 年版。

杨正佐、姜志斌、沈效言：《必须把规费收支纳入预算管理》，《财政》1992 年第 9 期。

叶娟丽：《协商民主在中国：从理论走向实践》，《武汉大学学报（哲学社会科学版）》2013 年第 2 期。

佚名：《地方绿化腐败频发：实际造价 60 万财政预算 200 万》，http://business.sohu.com/20120820/n351006244.shtml, 2012-08-20。

佚名：《三问今年入秋以来最严重区域性雾霾天气》，http://www.xinhuanet.com/politics/2016-12/17/c_1120137215.htm, 2016-12-17。

佚名：《朝阳创新多元参与基层社会治理模式，持续推进社区成长伙伴计划》，https://baijiahao.baidu.com/s?id=1688837374270681862&wfr=spider&for=pc, 2021-01-14。

佚名：《乡党委书记张映上察看白庙乡"二环线"工程建设进度》，http://www.bzqzf.gov.cn/public/6597311/9670211.html, 2014-04-28。

尹利民、程萝倩：《参与式预算实践中的协商民主要素嵌入及其逻辑——基于西湖区"幸福微实事"的实证研究》，《南昌大学学报（人文社会科学版）》2020 年第 1 期。

於莉：《省会城市预算过程的政治——基于中国三个省会城市的研究》，中央编译出版社2010年版。

俞可平：《中共的干部教育与国家治理》，《中共浙江省委党校学报》2014年第3期。

曾东萍：《蔡定剑：民主大厦的"务实建设者"》，《南风窗》2010年第26期。

曾直：《正确处理财政工作中的若干关系——试论在财政工作中贯彻"两条腿走路"的方针》，《中国财政》1959年第10期。

张善飞：《我国国库集中支付制度的"前因后果"》，《南京理工大学学报（社会科学版）》2017年第6期。

张学明：《地方人大预算审查监督能力建设的温岭路径——基于浙江温岭"参与式预算"的实证分析》，《人大研究》2011年第8期。

章奇、刘明兴：《权力结构、政治激励和经济增长：基于浙江民营经济发展经验的政治经济学分析》，格致出版社、上海人民出版社2016年版。

赵超：《以财政投资评审 促项目预算管理科学化规范化》，《中国财政》2004年第8期。

赵国良、郭元晞：《试论我国工业管理中的条块关系》，《四川大学学报（哲学社会科学版）》1984年第3期。

赵磊：《北京市举行首次大中专毕业生公务员录用资格考试》，《中国人才》1995年第6期。

赵丽江、陆海燕:《参与式预算:当今实现善治的有效工具——欧洲国家参与式预算的经验与启示》,《中国行政管理》2008年第10期。

赵琦:《基层政策企业家如何实现政策的创新与制度化?——基于温岭参与式预算的改革实践分析》,《公共行政评论》2020年第3期。

赵早早、杨晖:《构建公开透明的地方政府预算制度研究——以无锡、温岭和焦作市参与式预算实践为例》,《北京行政学院学报》2014年第4期。

赵中源:《群众路线新论》,人民出版社2019年版。

浙江省温岭市泽国镇志编纂委员会:《泽国镇志》,方志出版社2017年版。

中国行政管理学会:《新中国行政管理简史(1949—2000)》,人民出版社2002年版。

《中国政府采购十年》编委会:《中国政府采购十年:1998—2008》,中国财政经济出版社2011年版。

钟欣:《"中国第一个'全裸'乡政府"的台前幕后》,《四川党的建设(城市版)》2010年第5期。

周飞舟:《分税制十年:制度及其影响》,《中国社会科学》2006年第6期。

周飞舟:《财政资金的专项化及其问题:兼论"项目治国"》,《社会》2012年第1期。

周黎安：《中国地方官员的晋升锦标赛模式研究》，《经济研究》2007年第7期。

周梅燕：《闵行：盯住政府的"钱袋子"》，《决策》2010年第12期。

周梅燕：《公共预算改革的闵行实践》，刘小楠：《追问政府的钱袋子：中国公共预算改革的与理论与实践》，社会科学文献出版社2011年版，第93—103页。

周梅燕、何俊志：《乡镇公共预算改革的起步与思考——上海市南汇区惠南镇"公共预算制度改革"案例研究》，《人大研究》2008年第11期。

周雪光：《运动型治理机制：中国国家治理的制度逻辑再思考》，《开放时代》2012年第9期。

朱芳芳：《基层公共预算改革：从控权到赋权》，中央编译出版社2018年版。

朱圣明：《论协商民意测验在预算民主中的运用——以浙江温岭市泽国镇为例》，《西部法学评论》2010年第1期。

朱圣明：《民主恳谈：中国基层协商民主的温岭实践》，复旦大学出版社2017年版。

朱圣明、徐枫：《浙江推进城乡统筹发展进程中的小城市建设——以温岭市泽国镇"三年行动计划（2011—2013）"为例》，《管理学刊》2014年第5期。

庄社明：《昆山土地管理"四化"》，《江苏农村经济》2005年第

11期。

邹立文:《国家预算完整性亟待加强》,《财会研究》1996年第10期。

《当代中国》丛书编辑部:《当代中国财政》,中国社会科学出版社1988年版。

Abb, Pascal, "China's Foreign Policy Think Tanks: Institutional Evolution and Changing Roles," *Journal of Contemporary China*, Vol. 24, No.93, 2015, pp.531-553.

Abers, Rebecca, "From Clientelism to Cooperation: Local Government, Participatory Policy, and Civic Organizing in Porto Alegre, Brazil," *Politics & Society*, Vol.26, No.4, 1998, pp.511-537.

Acharya, Amitav, "How Ideas Spread: Whose Norms Matter? Norm Localization and Institutional Change in Asian Regionalism," *International Organization*, Vol.58, No.2, 2004, pp.239-275.

Ackerman, Bruce A., and James S. Fishkin, *Deliberation Day*, New Haven: Yale University Press, 2004.

Adler, Emanuel, and Peter M. Haas, "Conclusion: Epistemic Communities, World Order, and the Creation of a Reflective Research Program," *International Organization*, Vol. 46, No. 1, 1992, pp.367-390.

Andreas, Joel, *Rise of the Red Engineers: The Cultural Revolution and* the Origins of China's New Class, Stanford: Stanford University Press, 2009.

Ang, Yuen Yuen, *How China Escaped the Poverty Trap*, Ithaca: Cornell University Press, 2016.

Baierle, Seigio, "The Case of Porto Alegre: The Politics and Background," in C. George Benello and Dimitrios I. Roussopoulos, eds., *Participatory Democracy: Prospects for Democratizing Democracy*, Montréal, New York: Black Rose Books, 2005.

Baiocchi, Gianpaolo, "Participation, Activism, and Politics: The Porto Alegre Experiment and Deliberative Democratic Theory," *Politics & Society*, Vol.29, No.1, 2001, pp.43–72.

Béland, Daniel, and Robert Henry Cox, "Introduction: Ideas and Politics in Béland," in Daniel Béland and Robert Henry Cox, eds., *Ideas and Politics in Social Science Research*, Oxford, New York: Oxford University Press, 2011.

Belokurova, Elena, and Dmitrii Vorob'ev, "Local Public Participation in Contemporary Russia," *Russian Politics & Law*, Vol.49, No.4, 2011, pp.76–84.

Bennett, Andrew, and Jeffrey T. Checkel, *Process Tracing: From Metaphor to Analytic Tool*, New York: Cambridge University Press, 2015.

Boisot, Max, and John Child, "From Fiefs to Clans and Network Capitalism: Explaining China's Emerging Economic Order," *Administrative Science Quarterly*, Vol.41, No.4, 1996, pp.600-628.

Chan, Hon S., "Cadre Personnel Management in China: The Nomenklatura System, 1990-1998," *The China Quarterly*, No.179, 2004, pp.703-734.

Cheek, Timothy, *The Intellectual in Modern Chinese History*, New York: Cambridge University Press, 2015.

Chin, Gregory T., "Innovation and Preservation: Remaking China's National Leadership Training System," *The China Quarterly*, No.205, 2011, pp.18-39.

Choi, Eun Kyong, "Patronage and Performance: Factors in the Political Mobility of Provincial Leaders in Post-Deng China," *The China Quarterly*, No.212, 2012, pp.965-981.

Culp, Robert, *Articulating Citizenship: Civic Education and Student Politics in Southeastern China, 1912-1940*, Cambridge: Harvard University Asia Center, 2007.

de Renzio, Paolo, and Harika Masud, "Measuring and Promoting Budget Transparency: The Open Budget Index as a Research and Advocacy Tool," *Governance*, Vol.24, No.3, 2011, pp.607-616.

Dickson, Bruce, "Cooptation and Corporatism in China: The Logic of Party Adaptation," *Political Science Quarterly*, Vol.115, No.4, 2000, pp.517-540.

Dickson, Bruce, *Red Capitalists in China: The Party, Private Entrepreneurs, and Prospects for Political Change*, Cambridge, New York: Cambridge University Press, 2003.

Eddy, U.,*Disorganizing China: Counter-Bureaucracy and the Decline of Socialism*, Stanford: Stanford University Press, 2007.

Edin, Maria, "State Capacity and Local Agent Control in China: CCP Cadre Management from a Township Perspective," *The China Quarterly*, No.173, 2003, pp.35-52.

Evans, Peter, "Predatory, Developmental, and Other Apparatuses: A Comparative Political Economy Perspective on the Third World State," *Sociological Forum*, Vol.4, No.4, 1989, pp.561-587.

Fishkin, James S., *Democracy and Deliberation: New Directions for Democratic Reform*, New Haven: Yale University Press, 1991.

Fishkin, James S.,*When the People Speak: Deliberative Democracy and Public Consultation*, Oxford: Oxford University Press, 2011.

Florini, Ann, et al., *China Experiments: From Local Innovations to National Reform*, Washington D.C.: Brookings Institution Press, 2012.

Fung, Archon, and Erik Olin Wright, "Deepening Democracy: Innovations in Empowered Participatory Governance," *Politics & Society*, Vol.29, No.1, 2001, pp.5-41.

Gandhi, Jennifer, *Political Institutions under Dictatorship*, New York: Cambridge University Press, 2008.

Ganuza, Ernesto, and Gianpaolo Baiocchi, "The Power of Ambiguity: How Participatory Budgeting Travels the Globe," *Journal of Public Deliberation*, Vol.8, No.2, 2012, pp.1-12.

Gewirtz, Julian B., *Unlikely Partners: Chinese Reformers, Western Economists, and the Making of Global China*, Cambridge: Harvard University Press, 2017.

Greene, Kenneth F., "The Political Economy of Authoritarian Single-Party Dominance," *Comparative Political Studies*, Vol.43, No.7, 2010, pp.807-834.

Grindle, Merilee Serrill, "Going Local Decentralization, Democratization, and the Promise of Good Governance," *Governance*, No.3, 2008, pp.467-469.

Haas, Peter M., "Do Regimes Matter? Epistemic Communities and Mediterranean Pollution Control," *International Organization*, Vol.43, No.3, 1989, pp.377-403.

Haas, Peter M., *Epistemic Communities, Constructivism, and International Environmental Politics*, London, New York: Routledge, 2015.

Harding, Harry, *China's Second Revolution: Reform after Mao*, Washington, D.C.: Brookings Institution Press, 1987.

Hay, Colin, "Ideas and the Construction of Interests," in Daniel Béland and Robert Henry Cox, eds., *Ideas and Politics in Social Science Research*, Oxford, New York: Oxford University Press, 2011.

He, Baogang, *Rural Democracy in China: The Role of Village Elections*, New York: Palgrave Macmillan, 2007.

He, Baogang, "From Village Election to Village Deliberation in Rural China: Case Study of a Deliberative Democracy Experiment," *Journal of Chinese Political Science*, Vol. 19, No. 2, 2014, pp.133-150.

Horsely, Jamie P., "Public Participation in the People's Republic: Developing A More Participatory Governance Model in China," 2009, http://www.law.yale.edu/intellectuallife /publicparticipation.htm.

Huang, Yasheng, "Information, Bureaucracy, and Economic Reforms in China and The Soviet Union," *World Politics*, Vol.47, No.1, 1994, pp.102-134.

Huang, Yasheng, *Capitalism with Chinese Characteristics: Entrepreneurship and the State*, Cambridge, New York: Cambridge University Press, 2008.

Jacoby, Wade, "Inspiration, Coalition, and Substitution: External Influences on Postcommunist Transformations," *World Politics*, Vol. 58, No.4, 2006, pp.623-651.

Jie, Gao, "Governing by Goals and Numbers: A Case Study in the Use of Performance Measurement to Build State Capacity in China," *Public Administration and Development*, Vol. 29, No. 1, 2009, pp.21-31.

Keng, Shu, "Developing into a Developmental State: Explaining the Changing Government Business Relationship behind the Kunshan Miracle," in Yunhan Chu and Tse-Kang Leng, eds., *Dynamics of Local Government in China during the Reform Era*, Lanham: Lexington Books, 2010.

Kennedy, John James, and Dan Chen, "Elections Reform from the Middle and at the Margins," in Jessica C. Teets and Hurst William, eds., *Local Governance Innovation in China: Experimentation, Diffusion, and Defiance*, London, New York: Routledge, 2014.

Landry, Pierre F., et al., "Does Performance Matter? Evaluating Political Selection along the Chinese Administrative Ladder," *APSA 2014 Annual Meeting Paper*, 2014, http://ssrn.com/abstract=2452482.

Lasswell, Harold D., *Politics: Who Gets What, When, How*, New York, London: Whittlesey House, McGraw-Hill Book Company, 1936.

Latendresse, Anne, "The Case of Porto Alegre: The Participatory Budget," in Dimitrios I. Roussopoulos and C. George Benello, eds., *Participatory Democracy: Prospects for Democratizing Democracy*, Montréal, New York: Black Rose Books, 2005.

Lee, Charlotte P., *Training the Party: Party Adaptation and Elite Training in Reform-era China*, Cambridge: Cambridge University Press, 2015.

Lee, Hong Yung, *From Revolutionary Cadres to Party Technocrats in Socialist China*, Berkeley: University of California Press, 1991.

Levitsky, Steve, and Lucan Way, *Competitive Authoritarianism: Hybrid Regimes after the Cold War*, New York: Cambridge University Press, 2010.

Li, Cheng, *China's Leaders: The New Generation*, Lanham: Rowman & Littlefield Publishers, 2001.

Li, Lianjiang, "The Politics of Introducing Direct Township Elections in China," *The China Quarterly*, No.171, 2002, pp.704-723.

Liu, Yu, and Dingding Chen, "Why China Will Democratize," *The Washington Quarterly*, Vol.35, No.1, 2012, pp.41-63.

Lune, Howard, and Bruce L. Berg, *Qualitative Research Methods for the Social Sciences*, Boston: Pearson Education Limited, 2017.

Mark, Selden, *The Yenan Legacy: The Mass Line in Chinese Communist Politics in Action*, Seattle, London: University of Washington Press, 1969.

Mattingly, Daniel C., "Elite Capture: How Decentralization and Informal Institutions Weaken Property Rights in China," *World Politics*, Vol.68, No.3, 2016, pp.383-412.

McNulty, Stephanie, "Participatory Democracy? Exploring Peru's Efforts to Engage Civil Society in Local Governance," *Latin American Politics and Society*, Vol.55, No.3, 2013, pp.69-92.

McNulty, Stephanie, *Voice and Vote: Decentralization and Participation in Post-Fujimori Peru*, Stanford: Stanford University Press, 2011.

Melgar, Teresa R., "A Time of Closure? Participatory Budgeting in Porto Alegre, Brazil, after the Workers' Party Era," *Journal of Latin American Studies*, Vol.46, No.1, 2014, pp.121-149.

Meng, Tianguang, et al., "Conditional Receptivity to Citizen Participation: Evidence From a Survey Experiment in China," *Comparative Political Studies*, Vol.50, No.4, 2017, pp.399-433.

Migdal, Joel S., *State in Society: Studying How States and Societies Transform and Constitute One Another*, Cambridge, New York: Cambridge University Press, 2001.

Morrison, James Ashley, "Before Hegemony: Adam Smith, American Independence, and the Origins of the First Era of Globalization," *International Organization*, Vol.66, No.3, 2012, pp.395-428.

Naughton, Barry, *Growing out of the Plan: Chinese Economic Reform, 1978-1993*, Cambridge: Cambridge University Press, 1995.

Oates, Wallace, *The Political Economy of Fiscal Federalism*, Lexington: Lexington Books, 1977.

Oi, Jean C., and Zhao Shukai, "Fiscal Crisis in China's Townships: Causes and Consequences," in Elizabeth J. Perry and Merle Goldman, eds., *Grassroots Political Reform in Contemporary China*, Cambridge: Harvard University Press, 2007.

Pieke, Frank N., "Marketization, Centralization and Globalization of Cadre Training in Contemporary China," *The China Quarterly*, No.

200, 2009, pp.956-960.

Portode Oliveira, Osmany, *International Policy Diffusion and Participatory Budgeting: Ambassadors of Participation, International Institutions and Transnational Networks*, Cham, CH: Palgrave Macmillan, 2017.

Qian, Yingyi, and Xu Chenggang, "Why China's Economic Reforms Differ: The M-Form Hierarchy and Entry/Expansion of the Non-State Sector," *Economics of Transition*, Vol.1, No.2, 1993, pp.135-170.

Rhodes-Purdy, Matthew, *Regime Support Beyond the Balance Sheet: Participation and Policy Performance in Latin America*, New York: Cambridge University Press, 2017.

Rodan, Garry, and Kanishka Jayasuriya, "The Technocratic Politics of Administrative Participation: Case Studies of Singapore and Vietnam," *Democratization*, Vol.14, No.5, 2007, pp.795-815.

Scott, James C., *Seeing like a State: How Certain Schemes to Improve the Human Condition Have Failed*, New Haven: Yale University Press, 1998.

Shi, Tianjian, "Village Committee Elections in China: Institutionalist Tactics for Democracy," *World Politics*, Vol. 51, No. 3, 1999, pp.385-412.

Shih, Victor C., *Factions and Finance in China: Elite Conflict and Infla-*

tion, Cambridge, New York: Cambridge University Press, 2008.

Shue, Vivienne, *The Reach of the State: Sketches of the Chinese Body Politic*, Stanford: Stanford University Press, 1988.

Sintomer, Yves, et al., "Transnational Models of Citizen Participation: The Case of Participatory Budgeting," *Sociologias*, Vol.14, No.30, 2012, pp.70-116.

Smith, Graham, *Democratic Innovations: Designing Institutions for Citizen Participation*, Cambridge, New York: Cambridge University Press, 2009.

Svolik, Milan W., *The Politics of Authoritarian Rule*, Cambridge: Cambridge University Press, 2012.

Tanner, Murry S., "Changing Windows on a Changing China: The Evolving 'Think Tank' System and the Case of the Public Security Sector," *The China Quarterly*, No.171, 2002, pp.559-574.

Thies, Cameron G., "National Design and State Building in Sub-Saharan Africa," *World Politics*, Vol.61, No.4, 2009, pp.623-669.

Tiebout, Charles M., "A Pure Theory of Local Expenditures," *Journal of Political Economy*, Vol.64, No.5, 1956, pp.416-424.

Tilly, Charles, *Coercion, Capital, and European States, AD 990-1992*, Cambridge: Wiley-Blackwell, 1992.

Tilly, Charles, ed., *The Formation of National States in Western Europe*, Princeton: Princeton University Press, 1975.

Touchton, Michael, and Brian Wampler, "Improving Social Well-being through New Democratic Institutions," *Comparative Political Studies*, Vol.47, No.10, 2014, pp.1442-1469.

Treisman, Daniel, *The Architecture of Government: Rethinking Political Decentralization*, New York: Cambridge University Press, 2007.

Tsai, Kellee S., "Capitalists without a Class: Political Diversity among Private Entrepreneurs in China," *Comparative Political Studies*, Vol.38, No.9, 2005, pp.1130-1158.

UNDP, "Deepening Democracy and Increasing Popular Participation in Vietnam," *UNDP Vietnam Policy Dialogue Paper*, June, 2006, pp.1-44.

Unger, Jonathan, *The Nature of Chinese Politics: From Mao to Jiang*, London, New York: Routlege, 2002.

Wampler, Brian, "A Guide to Participatory Budgeting," in Anwar Shah, ed., *Participatory Budgeting*, Herndon: World Bank Publications, 2007.

Wampler, Brian, and Leonardo Avritzer, "Participatory Publics: Civil Society and New Institutions in Democratic Brazil," *Comparative Politics*, Vol.36, No.3, 2004, pp.291-312.

Wan, Chunyu, et al., "Local State Corporatism or Neo-Guanxilism? Observations from the County Level of Government in China," *Journal of Contemporary China*, Vol.23, No.87, 2014, pp.498-515.

Wang, Zhengxu, and Deyong Ma, "Participation and Competition: Innovations in Cadre Election and Selection in China's Townships," *Journal of Contemporary China*, Vol.24, No.92, 2014, pp.1–17.

Weber, Max, *Economy and Society: An Outline of Interpretative Sociology*, edited by Guenther Roth and Claus Wittich, Berkeley, Los Angeles, London: University of California Press, 1978.

Whiting, Susan H., *Power and Wealth in Rural China: The Political Economy of Institutional Change*, New York: Cambridge University Press, 2001.

World Bank, *China: National Development and Sub-National Finance: A Review of Provincial Expenditures*, Report of World Bank Poverty Reduction and Economic Management Unit, Report No. 22951-CHA, April 9, 2002.

Yang, Dali, *Remaking the Chinese Leviathan: Market Transition and the Politics of Governance in China*, Stanford: Stanford University Press, 2004.

Yao, Yuan, and Rongbin Han, "Challenging, but Not Trouble-Making: Cultural Elites in China's Urban Heritage Preservation," *Journal of Contemporary China*, Vol.25, No.98, 2015, pp.292–306.

Zhou, Xueguang, "Political Dynamics and Bureaucratic Career Patterns in the People's Republic of China, 1949–1994," *Comparative Political Studies*, Vol.34, No.9, 2001, pp.1036–1062.

Zhu, Xufeng, "Government Advisors or Public Advocates? Roles of

Think Tanks in China from the Perspective of Regional Variations," *The China Quarterly*, No.207, 2011, pp.668–686.

Zhu, Xufeng, *The Rise of Think Tanks in China*, New York: Routledge, 2013.

Zhu, Yapeng, "Policy Entrepreneurship, Institutional Constraints, and Local Policy Innovation in China," *China Review*, Vol.13, No.2, 2013, pp.97–122.

致　谢

所有的学术作品都依托学术共同体的支撑而完成和面世，我的这本书也不例外。它从构思、完成到出版长达数年，这个过程中得到了很多师长、同行和朋友的慷慨相助。

首先想感谢的是我在北大上学时遇到的老师们，我的导师组成员傅军老师、朱天飚老师、路风老师、宋磊老师激发了我的学术热情，教会了我研究者的基本素养，更是言传身教地传递给我做研究应有的品质，是他们为我开启了学术世界的大门。我也受益于北大其他老师的指点和帮助，比如潘维老师、刘明兴老师，和他们的交谈总是让我收获很多启发。

我的这个研究构思于在浙江大学人文高等研究院驻访期间，这个机构开放、自由，充满浓浓的人文关怀，又能让不同学科的学者相互激发，是学术研究的最佳场所，特此感谢浙江大学人文高等研究院。本研究的最初版本得到了徐秀丽、丁义珏、於梅舫、孙向晨、华喆、唐雯、李隆国等同期驻访学者以及赵鼎新、毛丹等浙大老师的帮助和指正。

我在哈佛燕京学社访学期间也得到了很多人的帮助和指点。其间，裴宜理、黄亚生、蔡晓莉、Peter Hall、王裕华、和文凯、赵树凯、陈慧荣、姚远、贺碧霄、管玥、黄杰等师友都对我的研究工作提出了一系列的意见和有益的批评。哈佛大学 Fung 图书馆的 Nancy Hearst 女士为我提供了很多与中国财政相关的研究资料，特此感谢。

我能获得哈佛燕京学社的访学资格，缘于 2015 年哈佛燕京学社和我的本科母校南京大学政府管理学院合作开展"中国政治研究的质性方法：历史与田野"高级研修班。张凤阳、闾小波、魏姝、李永刚、笪素林、朱伟等南大老师培养了我对政治学科的热爱，他们支持我去北大攻读研究生，也给了我参加哈佛燕京项目遴选的机会。

我特别感谢我的工作单位对外经济贸易大学。在戴长征、巩喜云等学院领导的带领下，学院良好的学术氛围和工作环境让我能在研究中自由探索。政治学系的霍伟岸、张孝芳、余艳红、张萌萌等同事总是鼓励我，在一些关键的事情上提醒和帮助我。我的另两位同事陆闯、钟圆圆更是不辞辛劳，帮我联系了数位关键的访谈对象。感谢科研处的柳瑛对我研究开展提供的帮助。

这个研究的完成离不开所有访谈对象的大力相助。由于学术伦理的要求，这里不能公开他们的名字。他们有的在大学工作，有的在党校工作，有的在政府机构工作，有的在智库工作，有的在企业工作。很多人与我素昧平生，却愿意花大量时间接受我的访谈，还主动帮我牵线以便我结识更多的访谈对象。很多访谈对象聪慧明智的处事方式、豁达和善的待人之道都给我留下了深刻的印象。每当研究卡壳时，一想到一路上获得了那么多人的帮助，我就无法中途放弃。在此深深地感谢各位。

我这个研究还在不同场合得到了很多其他师友的批评、指正和帮助，他们是：黄琪轩、包刚升、张长东、马得勇、马啸、孟天广、张开平、郦菁、季程远、陈超、陈玮、陈昊、李雪、朱妍、项皓、罗楠、凌隽杰、洪金明等。还要感谢 5 位匿名评审专家，他们犀利的批评曾让我坐立不安、面红耳赤，但正是这些意见让我的书稿在修改后有了明显的进步。虽然不知他们是谁，但是感谢他们！

我也感谢我的学生们，况宇、刘振祥、刘宇祥、李祉球帮我审阅编辑了文稿的不同部分，况宇还陪同我去做了一次调研。感谢他们辛勤的工作！

感谢北京大学出版社能够接受和出版我的书稿，感谢梁路编辑高效专业的工作，她修正了文稿中很多本不该犯的错误。没有她的帮助，我的书稿不会这么顺利地出版。

最后，感谢我的家人们，是你们的付出让我同时享受了工作和生活。

这一路上真是众人相扶，感谢大家！

叶 静

2022 年 7 月 21 日